SOIGNEZ-VOUS PAR LE VIN

Couverture

- Photographie:
  PAUL GÉLINAS

- Maquette:
  MICHEL BÉRARD

DISTRIBUTEURS EXCLUSIFS:

- Pour le Canada
  AGENCE DE DISTRIBUTION POPULAIRE INC.,*
  955, rue Amherst, Montréal H2L 3K4, (514/523-1182)
  * Filiale du groupe Sogides Ltée

- Pour l'Europe (Belgique, France, Portugal, Suisse, Yougoslavie et pays de l'Est)
- OYEZ S.A. Muntstraat, 10 — 3000 Louvain, Belgique
  tél.: 016/220421 (3 lignes)

- Ventes aux libraires
  PARIS: 4, rue de Fleurus; tél.: 548 40 92
  BRUXELLES: 21, rue Defacqz; tél.: 538 69 73

- Pour tout autre pays
  DÉPARTEMENT INTERNATIONAL HACHETTE
  79, boul. Saint-Germain, Paris 6e, France; tél.: 325.22.11

Dr E.A. MAURY

SOIGNEZ-VOUS PAR LE VIN

LES ÉDITIONS DE L'HOMME*

CANADA: 955, rue Amherst, Montréal 132
EUROPE: 21, rue Defacqz — 1050 Bruxelles, Belgique

* Filiale du groupe Sogides Ltée

2

Bibliothèque nationale du Québec
Dépôt légal — 4e trimestre 1975

ISBN-O-7759-0479-1

INTRODUCTION

On a beaucoup écrit sur le vin depuis le jour où Noé, quittant un beau matin de printemps son arche légendaire pour reprendre pied sur une terre libérée des eaux diluviennes, planta d'abord une vigne en signe de renouveau.

Toutefois les savants (et que n'apprend- on pas à leur agréable commerce) nous assurent que cet arbrisseau, de la famille des Ampelidacées, terme actuellement remplacé par celui de « vitacées », existait déjà dès l'ère secondaire et que son point de départ a pu être localisé dans certaines parties du monde asiatique. De sauvage au début, la vigne, cultivée et domestiquée, envahit alors le continent européen et le jus de son fruit a déjà servi de boisson à nos ancêtres de la préhistoire. Il n'en reste pas moins vrai que le geste biblique, évoqué plus haut, revêt une valeur symbolique ; vraisemblablement fatigué de ne voir autour de lui et des siens, animaux compris, qu'un élément liquide au goût de vase, Noé chercha à cultiver un fruit nouveau pour lui, et ce faisant, de se procurer à lui d'abord et aux générations futures ensuite, un breuvage enfin digne de l'homme ; et ce breuvage fut le VIN.

C'est donc dire que son origine remonte à la plus haute antiquité et qu'il représente, comme le cheval, mais à un titre différent, l'une des plus nobles conquêtes faites par l'être humain ; d'ailleurs le vin, qui est cité plus de 450 fois dans la Bible, a été plus tard un breuvage consacré par l'Eglise, puisque dès les premiers siècles de notre ère et grâce au Christianisme, le jus de la treille a symbolisé un élément indispensable pour la célébration du culte, ainsi que pour les devoirs de l'hospitalité. Les cartulaires monastériens nous rappellent, d'autre part, que le vin fut, de tous temps, autorisé aux religieux pour égayer les repas des fêtes carillonnées.

Saint Benoît lui-même ne conseillait-il pas à ses frères en religion d'absorber aux repas conventuels une hémine de vin afin, disait-il, « qu'ils restent toujours "digesti et alacres" ».

Il est de bon ton, en notre époque de progrès où nous avons le rare privilège de vivre et au nom d'une fausse conception de l'hygiène et de la diététique, de condamner sans appel le jus de la treille ; on le rend responsable maintenant d'une infinité de maux, à commencer par l'alcoolisme pour finir par l'augmentation de la criminalité et des accidents de la route ; et pourtant Dieu sait si l'on n'a jamais, dans l'histoire de l'humanité, consommé autant d'eaux minérales et de jus de fruits qu'aujourd'hui ; tracts, conférences aussi doctes qu'ennuyeuses, exposés radiophoniques, images télévisées, commentaires de savants personnages à la triste figure, ne nous ont guère épargnés pour nous prouver par A + B la nocivité du vin et ses incidences fâcheuses aussi bien sur le corps que sur l'esprit.

Peut-on imaginer un bon repas qui ne serait pas agrémenté d'un vin bien choisi, franc, honnête et de bonne qualité ? Dans les pages gastronomiques de certaines revues médicales, ne lit-on pas chaque mois des recettes savantes, comme celle de ce civet de mou de veau que l'on recommande de mouiller avec du Bourgueil ou du Chinon, vins qui seront ensuite servis aux heureux convives au cours du repas ?

Toutes ces campagnes anti-œnologiques n'empêchent pas que l'eau actuellement en service pour la boisson est de plus en plus polluée et d'autre part que l'emploi habituel de produits toxiques véritables, stupéfiants, hallucinogènes, médicaments dits « tranquillisants » et autres crus de même origine, connaît à l'heure actuelle une faveur de plus en plus grande auprès du public, sans que personne ne s'en émeuve le moins du monde. Mais, par contre, le vin... ah, parlons-en ; haro sur le baudet.

Et pourtant, n'a-t'on pas lu récemment dans la presse médicale que, selon des examens pratiqués par des médecins hongrois, il existerait un rapport entre la fréquence des calculs rénaux et la qualité de l'eau potable absorbée ; la haute teneur en calcium de cette eau provoquerait la formation de concrétions pierreuses dans les reins. Des recherches en cours viennent encore de vérifier le bien-fondé de cette hypothèse. De son côté, le Professeur Crawford, du Saint-Georges Hospital de Londres, a prouvé que l'eau du robinet préparerait le terrain aux accidents cardiaques ; il a, en effet, constaté qu'il y a un pourcentage plus élevé de lésions coronariennes dans l'agglomération de Londres où l'eau est calcaire qu'à Glasgow où l'eau est plus douce.

C'est la raison pour laquelle, après bien des auteurs et des meilleurs auxquels nous nous sommes référés tout au long de ces pages, nous avons jugé bon de relever le défi et de plaider en faveur du divin breuvage qui contribue à réjouir le cœur des hommes, selon la parole tirée d'un passage de l'Ecclésiaste. Une condition, toutefois, est à remplir pour que notre plaidoyer emporte la cause : que soit respectée la qualité même du vin ; et c'est là où git tout le problème.

Il est, en effet, facile de proclamer la nocivité du jus fermenté de la vigne, lorsque, justement, cet élément végétal et qui représente la plus importante part dans l'élaboration du vin, fait à peu près défaut au sein de celui-ci ou plutôt de son substitut baptisé comme tel. Le « mauvais vin » selon l'expression de P. Delore est « celui qui a été travaillé, qui a subi des fraudes à la vinification, notamment par addition de métasulfite de soude. On a ainsi un vin mort dont les ferments ont été détruits. »

Pour certains auteurs, cette affirmation serait inexacte. Dans le moût, l'action de l'SO^2 permet une sélection des bonnes levures ; ainsi le processus fermentaire n'en est pas, pour autant, bloqué ; par contre, s'il s'agit de vins contenant du sucre résidentiel, on peut alors parler de vins biologiquement stabilisés.

Faut-il encore rappeler cette boutade mise dans la bouche d'un vigneron qui, en mourant, disait à sa progéniture réunie autour de son lit : « ... et souvenez-vous, mes enfants, que l'on peut aussi faire du vin avec du raisin. »

Est-il besoin de souligner qu'un vin de bonne qualité, absorbé à doses raisonnables, comme celles que nous indiquerons dans les pages qui vont suivre, ne produit jamais d'effets nocifs sur l'organisme ; chacun de nous en a fait l'expérience et se souvient, entre autres malaises, d'un certain « mal aux cheveux » qui a suivi l'ingestion, au cours d'un repas, d'une boisson, soit rouge, soit jaune, traitreusement étiquetée « Vin d'appellation contrôlée » et qui n'était qu'un vulgaire sous-produit tout entier sorti des mains de chimistes habiles ; un palais un tant soit peu exercé est capable d'en faire de suite la différence et de refuser de poursuivre plus avant l'ingestion d'un liquide falsifié, donc toxique, par essence.

Certes, la fraude a été de tous les temps et déjà au XVIIIe siècle, la « Gazette de Santé » rappelait à ses lecteurs que « si le vin que l'on destine à notre usage était toujours pur et naturel, sans mélanges, s'il était pris avec modération, nous croyons que, bien loin d'abréger les jours, il serait capable de les prolonger. Mais tel est le malheur de ceux qui se livrent à cette boisson, surtout dans la capitale, que l'excès devient mortel et que l'usage, même modéré, est pernicieux... »

On ne saurait mieux dire aujourd'hui.

Indépendamment des coupages et des mélanges qui altèrent la pureté primitive du liquide, il convient de tenir compte du fait qu'il existe des vins malades, car comme tout être vivant, le jus de la treille n'est pas exempt de maladies, témoin la casse ; cette maladie est dûe à une polyphenoloxydase sécrétée par le Botrytis cinerea, elle survient d'un manque d'hygiène ou de précautions, lors de l'élaboration du vin ; de plus, pour obtenir un vin de bonne qualité, le vigneron doit éviter le contact des ceps avec les hormones désherbantes, d'autant que la vigne réagit à une dose de quelques grammes seulement à l'hectare, quelle que soit l'hormone utilisée.

D'autre part, comme déjà suggéré plus haut, à la notion de la qualité de la boisson, s'ajoute nécessairement celle de la quantité permise. C'est également sur ce facteur que nous avons insisté tout au long des pages qui vont suivre. Tout ici reste question de mesure. D'ailleurs Pascal n'a-t'il pas dit : « Trop et trop peu de vin ; ne lui en donnez pas ; il ne peut trouver la vérité ; donnez-lui en trop, de même. »

Puisque notre dessein, un peu téméraire peut-être, mais animé néanmoins des meilleures intentions, est de prôner le vin au double titre d'aliment et surtout de médication adjuvante aux divers traitements médicamenteux, nous le présenterons dans ce livre comme nanti de qualités thérapeutiques certaines ; mais, à l'image de tout autre médicament, nous en déterminerons, selon les cas, ce que les médecins, dans leur jargon, appellent la posologie, c'est-à-dire la fixation des doses auxquelles on peut prescrire le vin, selon l'affection, l'individu et l'âge du malade.

Faut-il rappeler que tout agent thérapeutique, quel qu'il soit, comporte deux actions ; celles-ci sont différentes et souvent opposées, selon la quantité de principe actif que l'on absorbe ; les expérimentations fondamentales sur lesquelles s'est basé, dans ses recherches, le génial fondateur de l'Homoéopathie, Samuel Hahnemann, sont là pour nous en convaincre. Cette discipline qui nous est familière, nous a effectivement appris et confirmé que le « mieux est l'ennemi du bien » ; un peu de café stimule ; son abus, par contre, provoque, entre autres malaises, des vertiges, des palpitations et de l'insomnie. Un remède correctement dosé est bénéfique ; son excès peut conduire à l'intoxication, parfois même fatale ; on en a aujourd'hui de multiples exemples avec l'usage intempestif des derniers produits synthétiques, munis pourtant des garanties données tant par le résultat des essais cliniques que par le visa ministériel.

Tout est question de mesure, pour l'usage du vin comme pour tout le reste.

Nous sommes persuadés qu'en respectant ces deux impératifs, recherche de la qualité de dégustation et compte tenu de la quantité raisonnable d'absoption, le vin, loin d'être la boisson nocive que l'on a voulu si complaisamment décrire, reste pour l'être humain, la meilleure et la plus saine des boissons, comme le proclamait Louis Pasteur.

Cet ouvrage, qui ne se pique d'ailleurs d'aucune prétention scientifique, a été destiné à tous, bien sûr, mais écrit plus spécialement pour les malades et pour la légion des êtres humains qui sont ou qui se croient obligés de suivre un régime diététique sévère. Nous nous adressons à eux en tant que médecin en appuyant nos arguments sur les travaux œnologiques des chercheurs dont nous rappellerons les noms au cours de ces pages et sur l'autorité des grand défenseurs du jus fermenté de la vigne.

Nous espérons ainsi apprendre à ces malades, une nouvelle joie de vivre, si utile en notre époque que les hommes se sont ingéniés à rendre de plus en plus difficile ; nous voulons leur redonner le plaisir de s'asseoir à une table même « diététique », mais dont la sévérité et la planitude se doivent d'être atténuées par l'ingestion raisonnable d'un vin honnête et surtout correctement choisi selon les cas cliniques. Un régime trop sévère risque, en effet, de priver le tube digestif, de sa faculté normale de sécréter les ferments indispensables à une bonne digestion et à une parfaite assimilation ; il peut donc conduire à la neurasthénie et à la dépression et ce, dans le cas les plus favorables.

Combien de suicides sont dûs à des cures alimentaires mal comprises ; nous verrons par ailleurs dans un chapitre de ce livre, l'action du vin sur le tube digestif et sur le mécanisme de la digestion. A ce propos, il nous souvient toujours d'un malade que nous eûmes l'occasion d'examiner, tout au début de notre carrière, prématurément disparu à la suite d'un excès de régime mal compris et abominablement conduit, poussant jusqu'à l'extrême les instructions diététiques données par un médecin trop dogmatique et trop absolu en la matière. Il en était arrivé à ne plus rien supporter et il est mort tout simplement de faim alors que sa situation de fortune lui aurait permis de satisfaire ses exigences, s'il en avait eues. Manifestation de masochisme peut-être nous répondront les analystes et les psychiatres, certainement, mais si ce pauvre malade avait bien voulu restreindre l'excès d'eaux minérales pour compléter la ration quotidienne de liquide par un bon vin judicieusement choisi, il aurait vu la vie d'un autre œil et il ne se serait pas condamné à la fin pénible qui a été la sienne.

« De la mesure avant toute chose », a dit le poète ;

jamais cette expression ne s'est mieux appliquée qu'à notre sujet ; mais trêve de bavardage et passons à table si vous le voulez bien !

PREMIERE PARTIE

LE VIN DANS LA NATURE

« De tonne en verre, le voilà le joli verre. »
(Vieille chanson bachique)

— I —

ANATOMIE DU VIN

Les œnophiles ont coutume d'attribuer au vin certains qualificatifs que l'on réserve ou que l'on applique généralement à l'organisme vivant ; ils parlent de son corps, de son muscle et de son nerf, pour ne pas dire avec Baudelaire, de son âme.

Ces termes ainsi conçus permettent que l'on puisse à juste titre considérer le jus de la treille comme un être vivant et que l'on soit autorisé à en faire l'anatomie, au sens de l'étude de sa structure propre.

A l'image de l'homme à qui elle est exclusivement destinée, la vigne est liée au sol sur lequel elle se développe et au sein duquel elle empruntera une grande partie des éléments qui entrent dans la composition de son suc, nous allions écrire, de son sang, puisqu'il est parlé ici d'anatomie.

Ces éléments, ainsi que nous le verrons par la suite, seront absorbés à leur tour par l'être humain lors de l'ingestion du vin, une fois que ce dernier est arrivé au stade de maturation totale ; ils joueront alors le double rôle qui doit être attribué au jus d'extraction des baies de raisin : celui d'un aliment d'abord et, le cas échéant, celui d'un médicament.

On se gardera d'oublier que ce véritable sang végétal contient à l'analyse, environ deux cent cinquante corps chimiques, empruntés, pour la plupart d'entre eux, à la glèbe qui a nourri le cépage. On en étudiera les principaux au cours d'un autre chapitre.

RAPPEL GEOLOGIQUE DU SOL D'ORIGINE

Il ne peut être question de se livrer ici à une étude géologique approfondie intéressant chacun des terrains sur lesquels pousse la vigne ; ce serait dépasser de loin le cadre même de ce modeste ouvrage qui veut rester avant tout un guide pratique en ce qui concerne les indications médicales propres aux différents vins.

On se contentera de rappeler sommairement la composition des matériaux constituant le sol même de certaines régions viticoles françaises, parmi les plus connues et ce, dans le but de bien faire comprendre que, lorsque l'on absorbe du vin, on absorbe non pas un simple liquide de couleur et de saveur différentes suivant la région, l'année, le type de crû, mais un breuvage noble, un aliment complet et un remède bien toléré qui véhicule, entre autres, certains éléments minéraux parfaitement assimilables et justement empruntés au sol sur lequel pousse le cépage en question et où il a grandi sous la chaude caresse du soleil.

Avant de passer sommairement en revue la gamme des produits vineux de notre pays, si favorisé à cet égard, on rappelera que nos cépages actuels proviennent de la souche « vitis vinifera caucasia » dont le nom seul dénote l'origine ; ce furent les Grecs d'abord et les Romains ensuite qui, à la faveur de leurs conquêtes, ont transplanté la vigne par étapes successives à travers tout le bassin méditerranéen.

A l'heure actuelle, la vigne est cultivée sur notre sol au sud d'une ligne qui part de Nantes, passe par Reims pour aboutir à Strasbourg. Le vignoble français représente environ une surface de 1.400.000 hectares dont 1.300.000 en production.

Avant d'entrer dans plus de détails, on rappellera que 90 % des territoires viticoles français sont calcaires, certains même comme ceux de la Champagne et de la région de Cognac avec un taux calcique très élevé. Les terrains très calcaires doivent, avant tout, être plantés avec porte-greffes résistant au carbonate de chaux. D'ailleurs une vigne non résistante au calcaire est atteinte de chlorose ; pour redonner la vitalité à la souche, il faut alors recourir à un sel de fer qui passera alors dans le suc même du produit végétal. Ici encore et dans ce cas particulier, la comparaison avec l'être humain est encore plus évidente.

Le BORDELAIS

Les crûs du Bordelais, l'un des vignobles français les plus anciens, pour commencer par eux, voient le jour sur un terrain à prédominance de calcaire à astéries et de silice ; si la région des Graves, plus favorable d'ailleurs à la vigne, est formée de sable pur contenant des particules de fer, celles des talus et des coteaux est constituée par de l'argile riche en silicates d'aluminium ; le sol du Bordelais contient également du potassium et son humus renferme du tanin ; on verra plus loin l'utilité et le rôle médicamenteux de ces éléments dans le métabolisme de l'économie humaine.

La BOURGOGNE

Le vignoble bourguignon offre une véritable palette de crûs différents. Du Nord au Sud, se succèdent toute une gamme de districts vineux : petite côte de Dijon, Côte des Nuits avec les Chambertin, les Grevey, les Clôs-Vougeot, Côte de Beaune dont le sol est formé des calcaires mêlés à des marnes blanches et ferrugineuses, vins du Mâconnais englobant la région du Julienas, des Fleuries et des Chiroubles, riche en silice alors que le terrain granitique du Beaujolais confère à ses vins, des qualités spéciales.

Quant à ses voisins immédiats, les Chablis, ils sont récoltés sur des sols qui puisent leur origine dans les marnes kimmerdjiennes riches en cailloux et qui contiennent également une forte proportion de silice.

Région RHODANIENNE

Un peu plus bas, sur les côteaux qui longent les deux rives du Rhône entre Vienne et Avignon, les vignes fournissent ce que l'on dénomme « Les Côtes du Rhône » qui poussent sur un terrain formé de cailloux dont la dureté et la densité sont telles que, pour labourer la terre, il faut changer le fer de la charrue toutes les trois heures ; d'où la puissance de ce vin qui, grâce aux progrès de la vinification actuelle, a perdu de sa lourdeur et de son épaisseur primitive.

Le JURA

Plus à l'est de la région bourguignonne et descendant vers le sud, le Jura avec ses terres à constitution argilo-calcaire nous offre ses vins de Salins, issus d'un Pinot blanc, ceux d'Arbois secs et fruités et ses vins jaunes à l'arôme puissant, qui, tous, donnent également à l'homme les éléments minéraux qui lui sont indispensables ; et puisqu'il est ici question de Jura, on se gardera d'oublier que cette région a vu naître un des grands défenseurs du jus naturel de la treille : Louis Pasteur.

La PROVENCE

Enfin, pour en terminer avec les régions viticoles du Sud-Est de la France, la Provence dite « calcaire » du fait de la composition géologique de son sol, connaît des vignobles dont les petits vins secs et parfumés accompagnent harmonieusement la dégustation des fruits de mer chargés d'iode naturel.

Le SUD-OUEST

En suivant la marche du soleil, nous débouchons dans la région de la plaine et des côteaux du Languedoc-Roussillon ; elle est formée de terrains de faible résistance, marne, grès, sables, cailloux roulés et dont la vigne couvre presque tout le sol cultivable ; celui-ci, constitué par des sédiments marneux, gréseux, parfois calcaires, se prête admirablement à la viticulture et produit des vins de consommation courante et d'usage, dirons-nous, familial.

On se gardera toutefois d'oublier certains vins doux de cette partie du Roussillon qui fournit des produits naturels, comme les vins de Banyuls, de Maury, les Muscats de Frantignan et de Rivesaltes ; ces crus susceptibles de jouer dans une œnothèque le rôle des Portos.

La LOIRE

Si nous passons maintenant dans le Val de Loire, entre Blois et l'embouchure de ce fleuve royal, nous rencontrerons la Touraine, patrie de Rabelais, de Ronsard, de Balzac, dont la richesse et la variété des crus blancs et rouges font la joie de tout honnête homme. Le sol des pentes crayeuses et des terrains caillouteux est le plus souvent supporté par le tuffeau qui est une craie micassée ou sableuse ; dans le Saumurois, il y a, au contraire, prédominance de terrains argilo-calcaires et parfois siliceux ; quand au Vouvray, il pousse sur des terrains riches en craie et il donne des vins secs et demi-secs, jeunes et frais qui selon la devise du pays « réjouissent les cœurs ».

Bourgueil et Chinon apportent au palais des vins fruités et à goût de fleurs, alors que plus près de sa source, le fleuve traverse les coteaux où mûrissent les ceps de Sauvignon qui fournissent les Sancerre et les Pouilly, vins clairs, secs et vivants.

La CHAMPAGNE

Quittons ces aimables régions pour nous arrêter un instant au cœur même de la Champagne qui a fait cadeau à l'être humain de ce jus de la treille unique au monde et qui personnifie le bonheur de vivre ; si le Chardonnet, en sa qualité de cépage, apporte au vin sa fraîcheur et sa finesse, le Pinot noir et le Pinot Meunier lui assurent corps et charpente ; de cette conjugaison heureuse, va naître un véritable suc, synthèse de Dom Pérignon qui stimulera les centres affectifs. Nous aurons d'ailleurs l'occasion de nous étendre plus loin sur ces qualités mêmes.

L'ALSACE

Un peu plus loin, vers l'Est, l'Alsace nous apporte des vins secs d'un blanc tellement transparent qu'ils laissent passer la lumière et dont l'acidité, exprimée en acide sulfurique, se situe entre trois et cinq grammes.

Il est évident que si l'on voulait faire mention de toutes les variétés de vins que l'on peut goûter et savourer au cours d'un voyage à travers le doux pays de France, Costières du Gard, Minervois, Corbières, vins de Cahors et tant d'autres encore que nous ne pouvons citer ici, il y faudrait plusieurs volumes ; en effet, bien d'autres crûs, moins connus, mais tout aussi recommandés et recommandables tant pour leur goût que pour leurs vertus thérapeutiques, seraient à signaler, comme par exemple, les vins de Savoie pour ne parler que d'eux, qu'ils soient blancs, rosés ou rouges ;

quand à leurs qualités, ces vins sont secs, rudes et francs de collier ; mais il nous faudrait y consacrer un développement bien plus important et qui dépasserait le cadre de cet ouvrage.

— II —

CHIMIE DU VIN

Puisque, dès les premières pages de cet ouvrage, nous avons, arbitrairement peut-être, assimilé le jus de la treille à un organisme vivant et en avons étudié en quelque sorte, l'anatomie avec ses constitutions différentes suivant les terrains sur lequel il pousse, il est intéressant de faire maintenant l'analyse de ce sang végétal pour en connaître la composition.

On comprendra ainsi mieux le rôle que le vin est susceptible de jouer sur certains états pathologiques et l'aide thérapeutique qu'il peut apporter aux malades comme aux bien portants.

Pour bien fixer les idées, on rappellera tout d'abord la définition que les juristes ont donné au vin en soulignant que ce dernier « est le produit de la fermentation du raisin ou du jus de raisin frais. »

COMPOSITION « HIPPOCRATIQUE » DU VIN

Le vin est issu de cellules vivantes lesquelles sont

représentées en l'occurence par les baies même du raisin ; leur jus d'extraction est ultérieurement transformé grâce au travail d'autres cellules vivantes sous forme de levures ou de bactéries lactiques.

Ce produit naturel comprend environ un ensemble de 250 corps chimiques ; on étudiera plus loin les principaux d'entre eux ; il est l'aboutissement d'un lent travail de maturation qui se poursuit à l'ombre des caves fraîches ; on peut le considérer, sous un certain angle, comme une véritable synthèse des quatre éléments principaux qui constituent, selon les données hippocratiques traditionnelles, sa composition de base : à savoir, l'eau, l'air, le feu et la terre (qui représentent, exprimés en termes plus scientifiques, indépendamment de l'élément aqueux, les sels minéraux et les substances organiques).

L'élément FEU du vin est symboliquement représenté par sa teneur en alcool ; il en sera encore question dans un chapitre ultérieur, mais sur le plan purement hygiénique. Chimiquement parlant et indépendamment de l'alcool éthylique, le jus fermenté de la vigne renferme un trialcool important, la glycérine dont le taux varie de 3,50 à 15 grammes par litre ; ce corps existe normalement dans l'intestin à la suite du dédoublement des corps gras et il se combine aux phosphates pour donner des glycérophosphates assimilables ; l'absorption du vin en augmentera donc la quantité et aidera ainsi à combattre les troubles provoqués par l'alcalose.

L'ensemble des éléments qui entrent dans la composition du suc de la vigne est pratiquement le même pour les vins de toutes catégories ; mais la différence qui existe entre eux, vient de ce que la proportion de chacun de ces éléments est variable à la fois suivant l'origine du cépage et suivant la nature du sol sur lequel la vigne a poussé ; on en a touché un mot au cours du bref aperçu géologique esquissé au chapitre précédent ; c'est ainsi, pour ne donner qu'un exemple, que les vins corsés comme le Bourgogne ou le Châteauneuf-du-Pape qui ne sont consommés de préférence qu'après quelques années de vieillissement en bouteille, sont plus riches en alcool et en extraits minéraux que les vins légers, à consommer jeunes et plus pauvres quant aux éléments précités.

En ce qui concerne la présence de l'eau dans le jus de la treille, l'élément aqueux confère au vin une densité très voisine de la sienne propre par suite de la présence de l'alcool qui l'allège ; ce facteur représente donc une garantie d'isotonicité. D'autre part, cette eau qui est puisée par les racines de la vigne dans le sol cultivé et dans le sous-sol est une eau minéralisée ; elle est le véhicule indispensable au transport des autres éléments qui font l'originalité et la richesse de chaque cru.

Evidemment la teneur en principe aqueux peut être variable pour chacun des crus et ce, selon la nature du sol et le volume des précipitations pluvieuses ; mais il est souhaitable que, de son côté, le vigneron respecte la quantité qui lui a été conférée par la nature même du fruit, sans y ajouter un supplément ; d'ailleurs aujourd'hui, avec la vente du vin au degré, cette opération n'aurait plus de sens.

Les éléments minéraux

Parmi les substances « hippocratiques » du type « Terre »

que l'analyse chimique est susceptible de détecter dans le jus de la treille, il convient de ranger, en premier lieu, les éléments minéraux qui sont aisément séparés par la calcination des substances organiques ; ils y existent sous forme de sels ou d'oxydes et le Professeur Carles les a qualifiés en disant « qu'ils éveillent les affinités assoupies. »

Ces éléments se trouvent dans le vin à l'état d'ionisation et sous cette forme, pour le docteur Dougnac, ils sont capables de déclencher ou d'accélérer toute une série de réactions organiques secondaires.

Parmi les anions minéraux, le phosphore, sous sa forme de phosphate, est surtout abondant dans le vin rouge où il peut atteindre des concentrations variant de 0,05 à 0,39 ; élément indispensable au tissu osseux et en combinaison avec le calcium, ce corps simple joue un rôle capital dans le maintien de l'équilibre acido-basique du sang ; il accélère le métabolisme des échanges azotés et il intervient sur les graisses et les sucres dont il assure la transformation pour la libération de l'énergie nécessaire aux contractions musculaires.

Dans le jus de raisin récolté au bord de la mer, on trouve, en outre, du chlore et du sodium dont il sera question plus bas ; le soufre se rencontre un peu dans tous les crus sous la forme de sulfate ; grâce à ce métalloïde, le foie, dont il assure l'intégrité, peut jouer son rôle de désintoxication et de protection contre les toxines microbiennes et organiques.

Parmi les autres éléments, on peut compter l'iode, la silice, le bore, le brome ; à noter également la présence de fluor dont on connaît maintenant l'action dans le soutien des tissus mous. On signalera ensuite la présence de magnésium, de calcium, de sodium et de potassium.

Chacun de ces produits mérite que l'on fasse un court rappel de leurs propriétés.

Magnésium

Elément capital de l'économie, le magnésium, présent dans les tissus mous et en particulier dans les cellules du cerveau et de la moëlle épinière, ainsi que dans les os, représente l'un des constituants fondamentaux de la matière vivante ; convoyeur de phosphore, il est indispensable à la synthèse des composés phospho-organiques et il joue un rôle important dans l'ossification, par son action sur la fixation du calcium. Il assure, de plus, la réduction des sucres et il intervient dans la contraction musculaire ; son action sur les globules blancs du sang concourt à l'activité de ces éléments de défense.

Calcium

On sait que le calcium est assimilé par le tissu osseux pour assurer la croissance du squelette et ultérieurement le bon entretien de cet important appareil de soutien ; une autre propriété du calcium consiste en son intervention dans la mise en activité du suc pancréatique, ce qui permet ıa transformation en peptones des matières azotées animales et végétales ; le calcium joue également un rôle dans les phénomènes de la coagulation du sang, en ce sens que le ferment qui préside à la formation de la thrombine ne peut agir qu'en présence de calcium ionosé.

Sodium

Quant au sodium, il assure, dans les milieux intérieurs, l'équilibre moléculaire ou isotonie entre les liquides situés dans les cellules et ceux qui sont en dehors d'elles ; de plus, les ions sodiques exercent une action importante sur la fibre nerveuse et musculaire ; si la teneur en sodium baisse d'une façon exagérée, on constate une perturbation dans le passage de l'influx nerveux qui peut se trouver bloqué.

Potassium

Ce métal alcalin, enfin, élément indispensable à la vie, intervient dans le fonctionnement normal de la cellule nerveuse, en particulier sur l'automatisme du cœur. A propos de ce facteur, on insistera dans la partie thérapeutique de cet ouvrage, sur le rôle que peut jouer le vin chez le cardiaque.

Il convient toutefois de faire remarquer que tous ces éléments chimiques agissent en synergie et qu'ils se complètent mutuellement dans leurs actions respectives ; ainsi donc le vin, en tant que solution équilibrée en sels minéraux monovalents et bivalents contenus à doses physiologiques dans le liquide, constitue un merveilleux véhicule naturel et par ailleurs fort agréable pour une thérapeutique adaptée aux besoins essentiels de l'être humain.

Fer

Une place à part doit enfin être réservée au fer dont la présence dans le vin constitue, de son côté, un véritable agent médicamenteux ; en effet, le jus de raisin fermenté contient en moyenne, 4,4 mg de fer au litre pour s'élever jusqu'à 6 mg si l'on s'adresse aux vins de Bordeaux ou de Bourgogne. Or, n'a-t'on pas, de tous temps, recommandé aux anémiques et aux convalescents de maladie grave, l'usage de ce sang végétal aux chaudes couleurs rouges et qui viendra apporter l'élément ferrugineux qui leur manque.

LES ELEMENTS ORGANIQUES

A côté de ces principes minéraux dont on vient d'étudier les plus importants, le vin contient de nombreuses substances organiques ; elles proviennent directement du raisin lui-même.

Glucides

On citera d'abord, du fait même de l'importance de leur présence dans le jus de raisin, les Hydrates de carbone, encore dénommés glucides ou sucres invertis contenus dans le vin sous forme de glucose et de fructose ; leur quantité conférera à ce dernier son goût, sec ou moelleux ; ce sucre naturel constitue un élément d'épargne grâce à son accumulation dans le foie qui le restituera à l'économie dès que le besoin s'en fera sentir. En général, les vins rouges et blancs secs contiennent moins de deux grammes de sucres résiduels (arabinose, xylose) par litre. Les vins dits doux ou moelleux conservent du sucre grâce à l'adjon ion de SO_2, utilisé pour muter ces produits et leur éviter une refermentation ultérieure.

Protides

Quant aux protides, provenant de la grappe et de la partie insoluble du grain, ils sont plus abondants dans les vins rouges que dans les vins blancs ; ce sont des substances azotées qui englobent les polypeptides, les protéines et les acides aminés ; parmi ceux-ci on compte, entre autres, la lysine, l'arginine, l'histamine et les acides glutaminiques et aspartiques dont on connaît maintenant l'action dynamogénétique. Les vins ordinaires n'en sont pas très riches alors que ceux de bonne qualité en contiennent un taux plus élevé.

Tous ces éléments apportent à l'organisme la ration azotée dont il a besoin pour sa nutrition et son entretien.

Phénols

Le jus de la vigne renferme encore des composés phénoliques, phénols et flavones, qui apportent au vin, d'une part certaines propriétés antiseptiques pour les uns et d'autre part les pigments colorés qui caractérisent les vins rouges et les vins blancs.

Du point de vue médical et diététique, le seul qui fait l'objet de cet ouvrage, on retiendra justement que, grâce à la présence de certains phénols, les vins ont la propriété de détruire les bactéries pathogènes qui peuvent souiller l'eau de boisson ou les aliments consommés crus. A ce propos, on signalera que le vin rouge a été longtemps utilisé en applications externes dans le traitement des plaies et des ulcères infectés.

D'autre part, il a été expérimentalement constaté chez les animaux de laboratoire que les polyphénols contenus dans le vin confèrent à ce breuvage un pouvoir protecteur lorsque ceux-ci sont soumis à un régime surchargé en cholestérol. On ne négligera pas non plus le fait que les acides organiques se trouvent dans le vin en quantité abondante ; citons, parmi les plus importants d'entre eux, l'acide tartrique dont le taux normal se situe entre 2 à 5 grammes par litre et les acides succinique malique, acétique et citrique ; on n'omettra pas non plus de citer l'acide lactique qui remplace en totalité l'acide malique, après la fermentation malo-lactique ; tous contribuent à l'activité physiologique du chyme de l'estomac en augmentant les sécrétions biliaires et pancréatiques et par voie de conséquence, accélèrent la digestion des substances amylacées.

PRODUITS TANNOIDES

Enfin, les produits tannoïdes incorporés au vin, à la

fois par l'intermédiaire du bois de chêne du tonneau ou du fût et par celui de la présence d'œnotannins contenus à l'état naturel dans la grappe du raisin, les pellicules et les pépins, ont des effets antitoxiques sur certains constituants du vin comme l'éthanol et le méthanol ; ils contribuent ainsi à tempérer leur action sur le système nerveux.

On sait que les vins blancs contiennent peu de tannins ; ils sont aussi connus pour être plus enivrants et plus excitants que les vins rouges. Ces œnotannins, dont il sera d'ailleurs question plus longuement dans un chapitre consacré à la physiologie du vin et qui ont été bien étudiés par le docteur Dougnac, contiennent des sels de fer ; ils agissent, en conséquence comme un élément fortifiant du sang ; remplissant également un rôle d'antidote contre la plupart des alcaloïdes, ils seraient aussi un facteur de croissance et auraient des effets heureux sur la tuberculose.

DIASTASES

Quant aux diastases, ferments organiques solubles et dont la fonction est d'accélérer toutes les réactions chimiques et biologiques, elles proviennent soit du fruit lui-même, soit des micro-organismes qui se développent dans ce milieu particulier et elles se trouvent en très grand nombre dans le vin : catalases, oxydases, invertases, protéases, pectases, chacune d'entre elles contribue à faire du jus de la treille un organisme complet et réellement vivant.

Pour en terminer avec ce chapitre, il convient de revenir, une fois encore, sur la grande objection que beaucoup de diététiciens adressent au vin et qui consiste, nous l'avons déjà souligné plus haut, dans sa teneur en alcool.

Il est de fait que celui-ci, qui représente en gros le dixième du volume du vin, constitue un des éléments essentiels de ce breuvage, après sa fermentation ; il est admis que son excès dans le sang risque de provoquer des troubles fonctionnels et des lésions organiques plus ou moins sévères. Mais, comme toujours en matière de pharmacologie, tout reste une question de dosage ; il est toutefois reconnu, même de la part des hygiénistes les plus sévères, chez les sujets normalement nourris, une dose de deux grammes d'alcool par kilo de poids corporel peut parfaitement constituer un aliment d'épargne sans produire, pour autant, des modifications métaboliques.

III

VINS ET VITAMINES

Nous avons insisté à différentes reprises au cours du précédent chapitre sur le fait que le vin constitue réellement un organisme vivant, de par sa composition même et nous en avons vu les raisons ; mais le facteur qui lui confère une valeur nutritive plus importante, est constitué par la présence, dans le jus de la treille, de certaines vitamines naturelles et non pas synthétiques, comme celles dont on a trop tendance à faire abus à l'heure actuelle ; par conséquent, celles-ci sont parfaitement tolérées par l'organisme humain ; il n'est d'ailleurs pas exclu de penser que les analyses ultérieures seront susceptibles d'en déceler d'autres, tout aussi utiles à l'économie de l'organisme. Il nous a donc paru intéressant d'y consacrer une courte étude pour bien en faire comprendre toute la valeur.

A la fin du siècle dernier, les chercheurs ont réussi à isoler, au sein des aliments et des boissons, certains éléments qui jouent un rôle capital dans l'équilibre alimentaire et dont la carence risque de provoquer certains troubles dont le plus anciennement connu et décrit a été représenté par le scorbut ; on rappellera, pour mémoire, que cette avitaminose était alors combattue par les navigateurs au long cours, grâce à l'ingestion de jus de citron frais.

Quoique l'on ne s'entende pas encore entre augures sur la définition exacte du terme « vitamine », un fait est patent ; elles constituent un apport indispensable au maintient de l'équilibre biologique et toute carence de l'une ou de l'autre, est à la source de nombreuses affections, dont les unes sont maintenant connues et étiquetées, mais dont les autres sont constituées par un ensemble de symptômes qui ne peuvent se rapporter à aucune maladie connue et classiquement définie et que l'on a rangé sous le terme général de « maladies de carence ».

Il ne faut pas oublier, d'autre part, qu'à certaines époques de l'existence ou à l'occasion de certaines affections, l'organisme humain a besoin d'un surcroît d'apport vitaminé, qu'il s'agisse de la période de la puberté, que ce soit au cours d'une grossesse ou à l'occasion de l'allaitement, pendant ou après une période de surmenage, au moment de la vieillesse ou au cours de maladies infectieuses aigües ou chroniques, comme la tuberculose ou le rhumatisme. On n'oubliera pas non plus que les conditions de la vie moderne avec ses excès émotifs répétés et son état permanent de « Stress », créent chez l'homme d'aujourd'hui un besoin constamment renouvelé de vitamines, du fait de sa déperdition constante en capital énergétique.

C'est dire que l'apport de ces éléments constitue une nécessité vitale, surtout si cet apport est susceptible d'être réalisé grâce à l'intermédiaire de substances naturelles, donc beaucoup mieux assimilables pour l'organisme humain, telles que celles que l'on retrouve à l'analyse chimique du vin de bonne qualité.

LES ŒNOTANINS

Parmi les produits chimiques en solution dans le jus de la treille, on a déjà fait allusion au cours du précédent chapitre, à la présence de matières tannoïdes de nature phénolique et qui représentent les éléments colorants de cette boisson.

Nous aurons l'occasion de revenir, au cours du prochain chapitre, sur le rôle physiologique des tanins dans la digestion ; nous n'envisagerons, pour le moment, que leur facteur vitaminique.

Les récents travaux de Lavollay et de Sevestre ont contribué, pour leur part, à assimiler ces substances tannoïdes ou pour employer l'expression maintenant consacrée, ces « œnotanins » au facteur vitaminique P. Le raisin noir ou blanc est un fruit dont l'activité en facteur P est la plus élevée et cette action subsiste encore dans le vin, même après la fermentation alcoolique. Or, cette vitamine P est l'une des deux vitamines anti-scorbutiques ; elle agirait en liaison avec l'acide ascorbique présent dans la vitamine C et dont il sera question plus bas ; sa carence dans l'organisme provoque une diminution de la résistance des capillaires sanguins et détermine des modifications portant sur les chronaxies, c'est-à-dire sur le seuil d'excitation des muscles et des nerfs, ainsi que l'ont prouvé certaines expériences faites sur des cobayes par les auteurs précités ; par conséquent le vin, rouge principalement, pourrait être utilisé chez les malades souffrant de purpura, affection qui se manifeste, par l'apparition sur la peau, de taches rougeâtres dues justement à des ruptures intéressant les petits vaisseaux sanguins sous-cutanés.

Pour Parrot, d'autre part, et toujours en liaison avec l'acide ascorbique, les substances tannoïdes riches en vitamine P agiraient comme facteur d'économie.

En somme et comme conclusion de cette étude succincte sur la vitamine P et sa présence dans le vin, les œnotanins qui en sont le vecteur, permettent à cette boisson, de constituer un véhicule des plus agréables pour l'organisme qui est ainsi à même d'absorber des substances indispensables à son économie, mais qui ont pu être détruites dans les aliments à la suite des préparations culinaires et de la cuisson.

LES AUTRES VITAMINES

Il convient de noter, à propos de la teneur du vin en vitamines que le jus de raisin contient surtout des vitamines hydro-solubles ; nous ne parlerons ici que de celles d'entre elles qui ont pu être reconnues et dosées.

Vitamine C

La vitamine C, anti-scorbutique, exerce une influence importante sur la plupart des métabolismes, en particulier sur celui qui concerne et intéresse l'utilisation des glucoses ; elle permet la synthèse des substances endocriniennes sécrétées par l'écorce de la surrénale ; d'autre part, la présence d'acide ascorbique dans la partie supérieure de l'intestin est indispensable à l'assimilation du fer qui va ultérieurement se fixer sur les globules rouges du sang ; elle agit donc indirectement mais activement sur la formation de l'hémoglobine, ce pigment coloré du globule rouge qui assure, dans le sang, le transport de l'oxygène vers les tissus.

Il convient d'ajouter, toujours à propos de cette vitamine C, que certains auteurs ont insisté avec raison sur l'abus actuel qu'on en fait à partir de cette vitaminothérapie synthétique telle qu'elle se pratique couramment ; du fait des doses employées en thérapeutique classique et qui représentent au moins trois fois la quantité réellement utile à l'organisme humain (évaluée à environ 75 mg par jour), quantité suffisante pour éviter les carences. L'administration intempestive de ce produit, parfois faite par le sujet lui-même et en dehors de tout avis médical, perturbe l'équilibre normal nécessaire entre les hormones, les enzymes et les autres vitamines.

Par contre, le vin, en tant qu'élément nutritif naturel, en apporte la quantité suffisante.

Vitamines B

Ce qui vient d'être dit au sujet de la vitamine C, peut également s'appliquer aux autres principes vitaminés apportés par le jus de raisin, en particulier au complexe vitaminique B, qui englobe tout un groupe de substances de provenance commune, sous forme de levures. Les propriétés générales de cet ensemble de vitamines, dont on donnera plus bas le détail pour chacune d'entre elles, intéressent d'abord le système nerveux ; elles permettent également de régler le taux du sucre dans le sang, d'agir sur les oxydations intra-cellulaires et les fonctions endocriniennes ; enfin, elles interviennent sur le tonus même des muscles. Les analyses chimiques pratiquées sur le vin ont permis de les reconnaître et de les doser.

La vitamine B 1 ou thiamine s'accumule dans la pulpe du raisin et elle se rencontre surtout dans les vins rouges ; elle représente un élément important dans la nutrition du système nerveux, puisque sa carence pathologique réalise la maladie connue sous le nom de béribéri dont les symptômes se manifestent sous forme de troubles cardio-vasculaires, d'œdème et de névrites multiples avec paralysie.

La vitamine B 3, encore dénommée vitamine PP est une nicotamide ; elle est contenue à la fois dans les vins rouge et blanc et elle constitue, comme ses initiales l'indiquent, un facteur préventif de la pellagre (PP) ; cette affection se caractérise par des lésions de la peau et des troubles digestifs ; de plus elle intervient dans les phénomènes d'oxydo-réduction.

Une autre vitamine du groupe B 2, la riboflavine est également abondante dans le vin rouge ; à un taux de 100 à 200 g par litre, elle agit sur les tissus peu ou mal vascularisés comme le cristallin et la cornée ; sa carence conduit donc aux troubles oculaires qui se manifestent sous forme de photophobie, de brûlures des paupières, de fatigue visuelle et d'écoulement lacrymal.

Quant à la vitamine B 5 ou acide panthoténique, stockée par les raisins, elle existe également dans les deux types de vins en quantité appréciable ; sa carence semblerait, chez l'être humain, entraîner un certain état de dénutrition des tissus et provoquer des troubles cutanés, respiratoires et nerveux.

Enfin, indépendamment de la vitamine B 6 ou pyrridoxine qui intervient aux différents stades du métabolisme et qui se retrouve dans le vin blanc comme dans le vin rouge, il convient de signaler pour terminer cette courte étude, la présence de vitamine B 12 ou cobalamine dont on connaît l'action sur la formation des globules rouges ; elle représente un facteur anti-anémique important ; il est intéressant de noter, à propos de cette vitamine, qu'elle protège expérimentalement le cobaye contre la dégénérescence graisseuse artificiellement provoquée par le tétrachlorure de carbone ; donnée à doses massives, elle représente en fait un élément thérapeutique utilisé dans le traitement des cirrhoses du foie ; on peut alors en déduire que son usage aux doses normales, est capable, dans une certaine mesure, de prévenir ces affections qui lèsent dans son intégrité et dans son fonctionnement normal, la cellule hépatique.

En conclusion de ce court chapitre, ne peut-on pas dire qu'il est plus agréable d'absorber des vitamines naturelles sous la forme et les espèces d'un bon verre de vin honnête et pur, plutôt que de les prendre en ampoules ou en pilules ?

Certes, me répondra-t'on, mais le suc fermenté de la vigne n'est pas encore remboursé par la Sécurité sociale !

— IV —

PHYSIOLOGIE DU VIN

Afin de connaître, dans la mesure du possible, le comportement d'un être vivant, compris dans le sens de l'ensemble des réactions objectivement observables, on en fait d'abord l'étude anatomique, morphologique et biologique ; tel a été le plan que nous avons suivi et appliqué jusqu'à maintenant pour l'étude du vin.

Arrivé à ce stade de notre travail et pour le compléter, il convient d'envisager maintenant l'étude du jus fermenté de la vigne sous un angle différent ; pour ce faire, on passera en revue la nature des fonctions organiques grâce auxquelles le vin manifeste sa vitalité et son action sur l'organisme humain ; en un mot, on s'arrêtera un peu sur son aspect physiologique.

Nombre d'auteurs, et certes des mieux intentionnés, n'ont pas manqué de publier de très savants mémoires sur ce qu'ils ont appelés « les effets physio-pathologiques » du vin et l'on ne peut nier que ces auteurs n'ont fait que traduire la triste vérité.

Il est un fait patent et que nul ne songera à nier : le vin, comme tous les produits alimentaires de consommation courante et livrés actuellement au consommateur, est l'objet de transformations chimiques artificielles de la part de ceux qui les vendent au public au nom de ce que nos aimables technocrates, qui sont en vérité des humoristes qui s'ignorent, ont baptisé du terme de « productivité ».

Il n'est d'ailleurs pas exclu de penser que, sous ce bel euphémisme, se cache tout simplement le désir, fort légitime d'ailleurs du point de vue du producteur et surtout du distributeur, de réaliser des bénéfices plus substantiels. Certes, les Pouvoirs Publics, si souvent mis en cause, entreprennent à juste titre une lutte qu'ils souhaiteraient efficace dans le sens de la répression de l'alcoolisme ; mais ils ne s'opposent que trop mollement encore aux falsifications qui, par l'intermédiaire des produits chimiques incorporés au jus de raisin fermenté, en augmentent la teneur éthylique et font du vin, un produit toxique et non un aliment et un médicament.

Pour beaucoup de praticiens qui ont étudié la question, en particulier pour le docteur Dougnac, « le jus de raisin ne peut être considéré comme une simple dilution alcoolique. » Il est riche de tous les corps chimiques et magnétiques que l'on trouve dans l'analyse du spectre solaire. Nous avons déjà insisté sur ce fait dans le chapitre précédent ; même certains constituants de l'extrait possèdent une activité anti-alcoolique manifeste ; d'autre part, le pH du vin, c'est-à-dire le coefficient caractérisant son degré d'acidité ou de basicité, varie entre 2,7 et 3,2 ; il est donc voisin, physiologiquement parlant de celui du suc gastrique ; aussi lorsqu'un vin vous brûle l'estomac on peut en déduire qu'il est déjà falsifié ou que, même naturel, il est issu de raisins insuffisamment mûrs. Mais avant de parler succinctement de l'action du vin sur le comportement réflexe de l'estomac, le jus de la vigne, lorsqu'on le déguste soit comme aliment, soit comme agent thérapeutique, intéressera d'abord les voies digestives supérieures : bouche, langue, palais, œsophage ; de par son contact direct avec les muqueuses de ces organes, il déterminera une série de réactions bio-physiologiques portant sur tout l'ensemble de cet appareil. Il convient d'en dire un mot.

On sait que les sensations olfactives et gustatives, nées respectivement dans les fosses nasales et dans la bouche, se trouvent activées par un vin de bonne qualité. Le réveil de ces impressions sensorielles n'est pas sans influencer l'influx nerveux qui conduit de là aux centres cérébraux supérieurs ; d'où cette sensation d'euphorie ressentie à la suite de la dégustation modérée mais intelligente d'un vin de bonne qualité ; en effet, sous l'influence du réchauffement du vin à l'intérieur de la cavité buccale, on assiste à la libération de produits aromatiques qui donnent à chaque vin son bouquet original. D'autre part, le réflexe émotionnel, à l'instar de celui de Pavlov sur le chien, est né à la fois de la couleur et de l'odeur du cru choisi, excite la sécrétion de la salive et permet ainsi, dès cette partie du tube digestif, une digestion partielle des substances farineuses et sucrées.

Une fois dans l'estomac, le suc de la vigne, par sa teneur en alcool et en vitamines, augmente la sécrétion de la muqueuse gastrique, partant, le taux de l'acide chlorhydrique.

Pour le docteur Marchal, il provoquerait également un afflux de globules blancs qui représentent une source de ferments oxydants.

Continuant son trajet descendant dans la lumière du tube digestif, le vin passe ensuite dans le duodenum et l'intestin grêle ; la glycérine que contient normalement le suc de la vigne ajoutée à celle qui existe à l'état habituel dans cette portion du tube digestif, se combinera avec les phosphates pour former alors des glycéro-phosphates, éléments de réserve et d'épargne utlisés, le cas échéant, par l'organisme.

De plus, la présence de tanin dont il a déjà été question dans un autre chapitre et qui existe surtout dans les vins rouges, à condition que ces derniers soient absorbés à doses modérées, agit favorablement sur les fibres lisses de la musculature du tube digestif et par conséquent, intéresse la péristaltisme intestinal.

Ces phénomènes de contractions physiologiques de la musculature lisse de l'appareil digestif dans sa portion abdominale, favorisera également l'action de la vésicule biliaire et celle du canal cholédoque qui amène la bile dans l'intestin au moment de la digestion ; le vin agit alors à ce niveau en augmentant la sécrétion de ce liquide organique et aide ainsi à favoriser le métabolisme alimentaire ; ce phénomène a pu être contrôlé après tubage duodénal par Loeper ; ce dernier a, en effet, constaté que l'ingestion de 20 cc de vin permettait de recueillir environ 190 grammes de bile.

Toujours pour le docteur Dougnac, le foie, à condition qu'il soit en bon état de fonctionnement, peut bénéficier d'un apport raisonnable de vin ; ce dernier provoque alors une augmentation d'apport des globules blancs au sein de la glande hépatique, phénomène semblable à celui déjà signalé au niveau de l'estomac par le docteur Marchal. Cet apport met alors l'organisme en état de meilleure défense contre les infections.

Sans vouloir alourdir cette étude, on se rend compte que le jus de la vigne, de bonne qualité, agit favorablement sur tous les étages du tube digestif, à condition encore une fois, que sa consommation reste dans les limites du raisonnable.

Quant à l'influence du vin sur l'ensemble du système nerveux, elle est dominée par la présence de phosphore naturel, indispensable à la nutrition de la cellule cérébrale et certainement mieux tolérée par l'organisme que le même produit d'origine industrielle. Il est à peine besoin d'insister sur l'influence que le vin, et plus particulièrement le vin blanc, exerce sur l'appareil urinaire ; l'augmentation notable du volume des urines serait fonction, pour le professeur Carles, de l'acidité des vins blancs et de leur richesse en tartrates.

Pour en terminer avec ce court exposé portant sur l'action du vin au niveau des grands appareils de l'économie organique, il convient de dire un mot sur les effets du jus de la treille sur le système cardio-vasculaire ; cette question a fait, en son temps, l'objet d'une étude conduite par le professeur Laubry et le docteur Lemant qui ont expérimentalement démontré qu'une injection intraveineuse d'une solution d'alcool et de serum physiologique à 33 % ne provoquait aucune augmentation de la tension artérielle ; de même, l'absorption à jeun et à une demi-heure d'intervalle de deux verres de vin rouge à 12° ne déterminait que de très minimes modifications cardiaques et vasculaires ; dans tous les cas et chez tous les sujets qui se sont prêtés à cette expérience, les tracés électro-cardiographiques ne présentaient aucune modification.

En conclusion, on peut dire que le vin de bonne qualité est à la fois un aliment d'épargne ou de complément, un médicament adjuvant, un vecteur chimique et un tonique psychique ; en bref, toutes ces qualités sont l'apanage du jus fermenté de la treille et il serait impardonnable, surtout sous le ciel de France, de les ignorer délibérément au profit de boissons préfabriquées et consommées sur la foi d'une publicité rémunératrice pour ses promoteurs ou encore pour satisfaire un snobisme passager.

— V —

ETHYLISME ET CIRRHOSE

Après avoir succinctement analysé au cours des précédents chapitres la nature et les propriétés essentielles des corps simples contenus dans le suc du raisin et l'action particulière de chacun d'entre eux sur l'organisme humain, il convient de dissiper de suite une équivoque qui peut prêter à confusion.

Certaines ligues, au demeurant bien intentionnées, ont mené et mènent toujours une campagne contre l'usage du vin ; elles s'obstinent à englober le jus de la treille dans la catégorie des boissons alcooliques.

Il ne faut toutefois pas confondre l'alcool qui est contenu dans le vin avec l'alcool qui résulte du produit de la distillation ; en effet, le premier, qui provient des transformations chimiques et biologiques naturelles au sein des éléments sucrés du raisin n'a pas le degré de toxicité du second.

Il est maintenant reconnu que certains vins titrant 8° sont parfois plus toxiques que ceux titrant 11° ; d'autre part, la nature même des cépages joue un rôle important dans l'action dite « alcoolique » du jus de la vigne ; ainsi, par exemple, les vieux plans de vigne français qui ont été, depuis des générations, soignés et entretenus, fournissent un vin qui est fort bien supporté. C'est une des raisons pour lesquelles nous recommanderons, dans la deuxième partie de cet ouvrage, l'usage de vins dont on connaît exactement l'origine.

On ne peut donc faire aucun rapprochement et aucune assimilation entre un vin honnête et une simple dilution alcoolique. Certes, on agite, pour étayer et justifier cette ressemblance, le spectre de la cirrhose du foie qui n'atteindrait, dit-on, que les consommateurs de vin et qui toucherait un nombre de plus en plus important de nos concitoyens. Il nous paraît de toute justice envers ce breuvage si fort calomnié de nos jours, de remettre les choses au point.

Tout d'abord, si l'on se base sur certaines statistiques récentes, la consommation annuelle de boissons alcoolisées en France et convertie en vin, est de l'ordre de 700 cc par adulte et par jour ; or, il faut une absorption quotidienne deux fois plus élevée pour donner naissance à une dégénérescence cirrhotique de la glande hépatique. Il est également à remarquer qu'en France, les populations atteintes par l'alcoolisme se rencontrent surtout dans les régions qui fabriquent du cidre et des eaux-de-vie ; les intoxications éthyliques chroniques se rencontrent aussi dans les régions viticoles qui cultivent les hybrides, car seuls, les plans américains paraissent être toxiques, en particulier ceux qui fournissent le vin rouge.

La même quantité de vin absorbée dans les pays qui donnent des grands crus, n'entraîne, par contre, aucun trouble sérieux. Il semble donc que le degré alcoolique ne puisse être mis en cause.

La cirrhose, d'autre part, peut avoir comme point de départ, une carence associée ou une surcharge en aliments vecteurs de fer, car la surcharge ferrique joue un certain rôle dans la genèse de la maladie en question.

L'alcool éthylique ou éthanol, le seul qui soit ordinairement dosé dans le vin, résulte de la fermentation normale du jus de raisin ; mais on se gardera d'oublier que l'éthanol existe déjà à l'état habituel dans le sang à la dose de 20 à 30 mg par litre. Il représente, en somme, un « toxique » qui fait partie normalement de nos tissus. Cet alcool, à condition que la dose ingérée soit égale ou inférieure à un gramme par kilo de poids corporel et par jour, remplit un véritable rôle d'aliment d'épargne ; car, une fois absorbé, il est localement oxydé ; l'énergie libérée de la sorte peut s'intégrer dans le processus de la respiration cellulaire, comme l'ont montré les physiologistes Hedon et Macabies.

Cette combinaison de l'alcool et de l'oxygène, permettant ainsi un processus d'oxygénation, se réalise lorsque l'on absorbe le vin à doses raisonnables, sans apparition d'autre chaleur ; pour citer encore les deux chercheurs dont il a été question plus haut, « l'énergie libérée peut parfaitement s'intégrer dans le processus de respiration cellulaire, réalisant ainsi une véritable action d'épargne ».

Ainsi, cet alcool naturel, une fois absorbé par l'organisme, est capable de se substituer aux éléments énergétiques de la dépense organique de base pour environ une moitié ; il peut également aider à leur mise en réserve pour une utilisation ultérieure.

Le professeur Pages, de Montpellier, a, en son temps, insisté sur le fait que certains éléments contenus naturellement dans le vin, constituent justement autant d'antagonistes de l'alcool véhiculé et que les traitements chimiques que l'on fait subir au vin, ont comme conséquence malheureuse, de supprimer ce facteur antagoniste. En effet, l'auteur cité plus haut, fait remarquer que « jadis et naguère » le vin n'était pratiquement responsable d'aucun exemple indiscutable d'alcoolisme ; il faut donc admettre, poursuit le même auteur, qu'il existe « un abaissement du seuil de toxicité du vin qui peut aller de pair avec un abaissement de la résistance des consommateurs à l'intoxication ».

Il ressort donc des lignes précédentes et des recherches effectuées par les auteurs qui se sont intéressés à la question de la défense du vin de qualité, que la vinification industrielle, telle qu'elle se pratique aujourd'hui, aurait comme résultat de provoquer la disparition de cet élément antagoniste de l'alcool véhiculé ; d'où les conséquences fâcheuses qui en découlent : abaissement du seuil de toxicité, apparition de symptômes d'avitaminose et troubles qui affectent l'équilibre du système nerveux central.

Evidemment, ces incidences pathologiques qu'on ne saurait méconnaître et ignorer, représentent autant d'arguments positifs à verser au dossier de la lutte contre l'usage du vin de bonne qualité. Comme nous l'avons déjà dit plus haut et au risque de se répéter, un vin honnête dont on connaît la provenance et pris à des doses raisonnables comme celles que nous préconisons dans les pages qui vont suivre, ne comportera jamais pour la santé de suites fâcheuses, au contraire.

DEUXIEME PARTIE

LE VIN DANS LA MALADIE

« Un litre de vin contient la huitième partie de la ration alimentaire et le neuf dixième de bonne humeur. »

(Professeur LANDOUZY)

INTRODUCTION

Avant d'aborder le côté pratique du sujet que nous nous sommes proposés de traiter, à savoir, le bien-fondé des indications générales d'un vin franc et honnête comme un précieux adjuvant à recommander au cours des différentes maladies qui peuvent atteindre l'être humain au cours de son existence terrestre, il convient de dissiper toute équivoque et de préciser notre pensée, en insistant sur la définition même du terme « Remède ».

En effet, notre intention, dans les pages qui vont suivre, est de considérer le vin, jus fermenté de la vigne, non pas comme un médicament susceptible de remplacer ceux que l'on a coutume de se voir prescrire en cas de besoin par l'homme de l'Art, mais plutôt comme un remède.

Il existe, entre ces deux substantifs, une certaine différence dans le sens même où il convient de les employer. Afin de ne pas tomber dans ce « babelisme » qui caractérise notre époque et qui, comme aux temps bibliques, est la source de confusion et de malentendus entre les hommes, puisons nos références dans le dictionnaire de Littré.

Rappelons donc, avec cet auteur, que, s'il faut entendre par « Médicament » toute substance simple ou composée administrée à l'intérieur ou à l'extérieur du corps en qualité de remède, ce dernier terme, par contre, s'applique à tout ce qui peut être employé, en général, dans le traitement d'une affection morbide.

Notre intention n'est cependant pas, dans les pages qui vont suivre, d'étudier le vin sous son aspect purement thérapeutique ; d'excellents ouvrages ont paru à ce sujet et le lecteur intéressé ou curieux pourra les consulter avec profit.

Nous nous limiterons simplement à la présentation du suc fermenté de la treille en tant que remède « adjuvant », en comprenant sous ce terme (et nous nous en référons encore à la définition de Littré) « tout ce qui peut déterminer un changement salutaire de l'économie, en général et dans un organe, en particulier, que ces moyens soient hygiéniques, chirurgicaux ou pharmaceutiques ».

Voilà donc qui est clair et net. C'est dans cet esprit qu'a été composée la deuxième partie de cet ouvrage.

Celle-ci sera présentée sous une forme qui nous est chère, celle d'un dictionnaire à deux volets ; dans un premier panneau, on étudiera les principales maladies au cours desquelles le vin est, non seulement indiqué, mais encore recommandé, soit comme un adjuvant au régime suivi ou aux remèdes prescrits par le médecin, soit comme un agent de prophylaxie et de prévention des maladies.

Pour chaque cru choisi à l'occasion de telle ou telle affection, on tentera d'expliquer la raison même du choix particulier, en insistant sur l'une ou l'autre des propriétés inhérentes à ce cru et qui paraissent devoir convenir au sujet atteint de la maladie ou des conséquences cliniques de la diathèse dont il est question.

Certes, du fait de la complexité propre à la composition chimique du vin, il est parfois difficile de pouvoir affirmer de façon sûre, la raison pour laquelle ce vin, en particulier, agit en tant qu'adjuvant thérapeutique ; mais il est un fait certain, c'est qu'il agit et d'autres auteurs plus autorisés que nous, n'ont pas manqué de le signaler. De toutes manières, le lecteur intéressé pourra toujours se reporter aux premiers chapitres de cet ouvrage.

Dans le second panneau du volet, on rappellera les indications principales de chacun des crus étudiés antérieurement. Ainsi pourra-t'on rapidement se rendre compte que le Champagne, pour ne citer ici qu'un seul exemple, connaîtra des applications multiples, que ce soit au cours des suites opératoires, dans l'alcalose ou à l'occasion des séquelles de maladies graves.

Tout ouvrage de thérapeutique médicale comporte, à la fin de l'étude du remède et de ses applications, quelques lignes consacrées à la posologie, c'est-à-dire aux doses dans les limites desquelles, le principe actif peut être employé sans danger pour l'organisme et ceci, selon son mode d'administration, l'âge, le sexe et l'état général du malade. Il en sera de même dans ce livre, ceci afin de bien garder la mesure et d'éviter les conséquences fâcheuses d'abus alcooliques que certains ne manqueraient pas de commettre sous le couvert d'une prescription émanant de la plume d'un médecin.

Rappelons d'abord que le vin doit être consommé au cours des repas, donc être mélangé à la nourriture. En ce qui concerne la quantité permise, d'après le professeur

Charles Fiessinger « un homme sain peut absorber sans danger, en mangeant, un gramme d'alcool-vin par kilogramme de poids corporel et par jour. »

Pour le docteur E. Mauriac, à qui nous laissons la responsabilité de ce jugement, « il vaut mieux préférer un vin jeune à 10° à un vin vieux chargé d'essences et plus toxique. »

Avec le professeur Cruchet, qui a plus spécialement étudié les quantités de vin que l'on peut tolérer chez le jeune sujet, à condition toutefois qu'il soit sain et que l'odeur ou le goût du vin ne lui répugnent pas, on arrive aux chiffres suivants : à partir de quatre ans, on peut permettre à l'enfant et par repas, la valeur de 12 à 15 grammes de vin rouge à 10° dilué dans 200 grammes d'eau, donc la valeur d'une cuillerée à soupe environ ; de six à quatorze ans, on peut porter cette quantité à 20 grammes et de quatorze à dix-huit ans, la quantité permise variera entre 45 et 80 grammes de vin rouge ou de 30 à 50 grammes de vin blanc pour 300 grammes d'eau.

Ces chiffres se rapprochent de ceux donnés par le docteur Cayla et le docteur Dougnac qui, l'un et l'autre, permettent par jour et pris en deux fois à l'occasion des deux principaux repas, une quantité de vin à 10°, égale à 50 grammes entre quatre et six ans, à 100 grammes jusqu'à huit ans et à 150 grammes à partir de cet âge pour monter progressivement jusqu'à une quantité égale à 500 grammes environ jusqu'à l'âge de dix-huit ans. Il est évident que les chiffres donnés plus haut ne sont que relatifs, tout au moins dans leurs valeurs extrêmes et que le sujet peut toujours, selon les circonstances ou l'état de son organisme, réduire la quantité maxima permise ; il existe bien des malades qui sont très sensibles aux remèdes et qui ne bénéficient de leurs effets positifs et salutaires qu'en les absorbant à des doses plus faibles que celles indiquées par le laboratoire ou par le médecin ; il ne peut en être autrement avec le vin et notre intention a été de donner simplement une idée de la posologie moyenne à observer. Ces différents facteurs étant maintenant établis, il ne nous reste plus qu'à passer au côté pratique de cet ouvrage qui devra être un peu consulté comme un formulaire médicamenteux, mais dont les principes actifs sont agréables à absorber.

N'oublions pas que, selon l'Ecclésiaste, « le bon vin réjouit le cœur de l'homme » et nous ajouterons, pour notre modeste part, qu'il peut consolider un état de santé quelque peu éprouvé.

A vous, lecteur, d'en faire maintenant l'expérience.

LES MALADIES

— A —

AEROPHAGIE

La déglutition exagérée d'air qui se traduit, dans la grande majorité des cas, par un gonflement pénible de l'estomac, se manifeste le plus souvent chez les sujets nerveux, inquiets, insatisfaits de leur vie et que tourmente un problème d'origine affective ou professionnelle.
Ce phénomène, très souvent lié à une digestion difficile de même origine, peut également se produire en dehors des repas.

Crus conseillés :

Champagne sec ou brut.

Pourquoi ?

Du fait de l'action mécanique produite par le gaz naturel sur la paroi gastrique qui favorise la remise en route de la contraction physiologique

de l'estomac, permettant ainsi l'évacuation de l'excès d'air par la bouche.
On doit noter, à ce propos, que la gazéification du gaz carbonique dissous dans ce vin au cours des trois ou quatre années de maturation, diffère totalement de la gazéification artificielle plus brutale et plus rapide de certains mousseux ou de certaines eaux minérales, toujours contre-indiquées dans l'aérophagie.

Doses :

Deux flûtes au cours des repas.

ALLERGIE (Tendance à l')

Les réactions allergiques, si communes de nos jours et liées le plus souvent aux intoxications médicamenteuses qui « sensibilisent » le sujet, non seulement aux médicaments, mais encore maintenant aux produits naturels, sont l'expression de modifications apportées à l'économie sous l'influence de substances étrangères dites « allergènes » ; elles se traduisent par une exsudation de la muqueuse ou par un œdème du tissu cellulaire sous-cutané, donc excès de production séreuse ; elles n'empêchent toutefois pas, chez le sujet qui en est atteint, l'usage raisonnable d'un vin approprié.

Cru conseillé :
Médoc.

Pourquoi ?

Parce que ce cru est riche en potassium naturel et que ce métal alcalin, à doses faibles, agit sur les troubles du métabolisme de l'eau, donc sur les rétentions hydriques qui s'observent dans les phénomènes allergiques.

Doses :

Un demi-verre à Bordeaux au cours des repas.

AMAIGRISSEMENT

Toute perte anormale de poids corporel peut reconnaître toute une série de causes qui vont de la perte d'appétit jusqu'aux troubles métaboliques plus profonds et plus sérieux.
Indépendamment de la thérapeutique appropriée et prescrite par le médecin après son diagnostic causal, on peut conseiller au sujet atteint d'amaigrissement, un cru convenable à son cas particulier.

Cru conseillé :

Vins de Côtes de Beaune.

Pourquoi ?

Parce que ces vins sont riches en fer, ainsi qu'en extraits minéraux, dont le calcium, réparateur de la cellule osseuse.

Doses :

Deux verres à Bourgogne de ce vin au cours des repas.

AMAIGRISSANT (Régime)

Tout excès de poids (et il en sera encore question dans la rubrique OBESITE) demande la prescription d'un régime alimentaire correctement dosé et pauvre en graisses et en glucides.
Le vin qui est susceptible d'accompagner ce type de diète répondra donc aux mêmes impératifs ; d'autre part, son absorption au cours des repas, permettra de pallier la sévérité même du régime imposé pour combattre cet excès pondéral.

Cru conseillé :

Vins de la Côte d'Or.

Pourquoi ?

Parce que ces vins, peu colorés, favorisent, de par leur composition, le métabolisme des graisses, tout en gardant leurs qualités nutritives.

Doses :

Deux verres à Bourgogne au cours des repas.

ANEMIE

La diminution du nombre des globules rouges dans le sang se manifeste par une série de troubles, dont la fatigue constante, les vertiges, le manque de tonus général, parfois même par des hémorragies. Il convient donc, indépendamment toujours du traitement approprié, de donner au sujet, un apport supplémentaire de fer dans son alimentation.

Cru conseillé :

Vins des Côtes de Graves.

Pourquoi ?

Du fait de leur teneur en fer ; car la vigne productrice de ce type de vin est cultivée sur du sable pur contenant des particules de fer sous forme soluble et son taux peut parfois atteindre 10 mg par litre.

Doses :

Deux verres à Bordeaux au cours des repas.

ANGOISSE (Névrose d')

Certaines manifestations psychiques, telle l'angoisse à base de peur irraisonnée, peuvent être, dans bien des cas en rapport avec des carences de sels organiques normalement présents dans l'économie ; ces carences peuvent surtout porter sur le phosphore. Un vin bien choisi sera donc d'un réel secours pour le sujet victime de ce type d'affection.

Cru conseillé :

Médoc rouge.

Pourquoi ?

Du fait de leur richesse en phosphore dont les concentrations peuvent atteindre 0,03 g à 0,05 g dont le quart se trouve sous sa forme organique ; cet élément représente un médicament de choix pour la cellule nerveuse.

Doses :

Deux verres à Bordeaux au cours des repas.

ANGINES

Les affections inflammatoires du pharynx et des amygdales s'accompagnent habituellement d'une certaine gêne à la déglutition et de température plus ou moins élevée ; ces maladies peuvent bénéficier de l'adjonction de vins au traitement purement médicamenteux, d'autant que le jus de la treille apporte au malade, ses propriétés bactéricides.

Crus conseillés :

Vins rouges de Bordeaux de la région du Médoc.
Vins rouges de Bourgogne de la région du Beaujolais.

Pourquoi ?

Parce que leur contenu en tanin leur confère des propriétés décongestionnantes et parce qu'également, comme tout jus de vigne fermenté, ils sont bactéricides, antiseptiques, toniques et diaphorétiques.

Doses :

Faire chauffer 500 grammes du vin choisi selon le goût personnel du malade et titrant 10° ; y ajouter 10 grammes de cannelle, du sucre et de l'écorce de citron ; en boire deux demi-bols trois fois par jour.

ANGINE DE POITRINE

(Voir : CORONARITE.)

APPETIT (Manque d')

A l'occasion de certaines affections ou dans certaines circonstances, il arrive que l'appétit se trouve diminué ; s'il n'existe pas, pour cause essentielle, une lésion organique de l'appareil digestif ou une insuffisance hépatique grave, un vin bien choisi et judicieusement absorbé, est susceptible de réveiller cet état de ralentissement fonctionnel.

Crus conseillés :

Vins rouges légers et vieux de cinq ans (région du Médoc).
Vins blancs légers à acidité modérée et peu sucrés de la région d'Anjou ou de Graves.
Vins doux naturels du Roussillon.

Pourquoi ?

a) Parce que le vin du Médoc, par son contenu en fer sous sa forme soluble et en tanin, est un fortifiant et un tonique général ;
b) parce que les vins blancs d'Anjou ou de Graves sont stomachiques et digestifs ;
c) parce que les vins de Banyuls et de Maury favorisent la sécrétion gastrique.

Doses :

Un demi-verre à Bordeaux une heure avant les repas.

ARTERIO-SCLEROSE

Le durcissement de la paroi des artères appartient aux grands types de symptômes qui caractérisent la constitution arthritique ; mais il ne faut toutefois pas s'imaginer que cette diathèse, propre à l'homme civilisé, doive automatiquement l'empêcher de consommer, à doses raisonnables, un vin qui a été correctement choisi.

Crus conseillés :

Muscadet.
Vins rosés de Provence.

Pourquoi ?

a) Parce que les vignes qui servent à produire le Muscadet poussent sur un terrain pauvre en calcaire, donc décalcifié ;

b) parce que les vins rosés de Provence sont à la fois diurétiques et désintoxiquants.

Doses :

Deux verres à Bordeaux aux repas, en alternant un jour le Muscadet et le jour suivant, le vin de Provence.

ASTHENIE

(Voir : FATIGUE.)

AVITAMINOSE

On rappellera simplement pour mémoire, que tous les vins de bonne qualité et de bonne année, contiennent toutes les vitamines indispensables à l'économie ; que le lecteur veuille bien se reporter à l'étude qui a été faite à ce sujet au cours de la première partie de cet ouvrage.
Certaines affections dont il sera question au cours des pages qui vont suivre, ont pour cause entre autre, une carence vitaminée ; elles ont été étudiées sous leur rubrique correspondante, comme par exemple, le PURPURA ou le RACHITISME.

— B —

BALLONNEMENT

La distension de l'abdomen, comme conséquence d'une accumulation de gaz de fermentation diges-

tive, est souvent imputable à une paresse du tonus nerveux atteignant le système sympathique abdominal ; le même phénomène peut également être observé chez les sujets qui, au cours des repas, absorbent des boissons gazeuses artificielles.
Dans un cas comme dans l'autre, il en résulte alors une accumulation d'air qu'il convient de faire résorber ou d'évacuer.

Cru conseillé :

Vins d'Alsace.

Pourquoi ?

Parce que ces vins agissent électivement sur les centres nerveux digestifs en développant des propriétés absorbantes et anti-acides.

Doses :

Un à deux verres après les repas.

BILIAIRE (Insuffisance)

Le ralentissement habituel de la sécrétion biliaire apporte une entrave sérieuse à une bonne digestion ; d'où apparition de somnolence après le repas, surtout au début de l'après-midi, de la flatulence et de la constipation.

Crus conseillés :

Vins blancs sucrés de la région d'Anjou ou de Vouvray.

Pourquoi ?

Parce que ces types de vins sont essentiellement cholagogues, c'est-à-dire qu'ils favorisent la sécrétion biliaire ; mais ils doivent être peu chargés en anhydride sulfureux, ajouté pour leur conservation ; d'où la nécessité de les choisir à bon escient et chez un éleveur consciencieux.

Doses :

Un à deux verres-tulipes à la fin des repas.

BRONCHES (Maladies des)

Sous cette rubrique, nous entendons les affections aigües qui peuvent atteindre l'appareil respiratoire, comme la Bronchite, la Pneumonie, la Broncho-pneumonie ; ces maladies, surtout dans leurs deux dernières formes, peuvent s'accompagner d'un état d'adynamie avec faiblesse cardiaque et fatigue des reins ; en plus de la thérapeutique classique instituée par le médecin traitant, l'usage d'un vin bien choisi ne peut être que recommandé au malade, et ce, tout au long de la durée de son affection.

Crus conseillés :

Vins rouges de Bordeaux ou de Bourgogne titrant 10°.

Pourquoi ?

Parce que ces vins sont riches l'un et l'autre en

phosphore dont on a étudié les propriétés au cours de la première partie de cet ouvrage.

Doses :

Faire chauffer le vin choisi dans un bain-marie à 60° ; y ajouter 10 grammes de cannelle, du sucre et de l'écorce de citron ; en boire trois tasses par jour.

— C —

CALCULS BILIAIRES

Selon le professeur Castaigne, la présence de dépôts minéraux (urates, oxalates...) dans la vésicule biliaire ou dans le canal cholédoque, ne se constate généralement pas chez l'alcoolique ou chez le grand buveur de vin ; sans pousser à la consommation, on peut, par déduction, en inférer que l'usage modéré d'un bon vin permet un véritable drainage de la vésicule biliaire, ainsi que nous l'avons déjà vu en ce qui concerne le régime approprié au sujet atteint d'insuffisance biliaire.
Mais, dans le cas présent, le choix du vin sera différent.

Crus conseillés :

Vins blancs secs peu alcoolisés de la région de Sancerre ou de Pouilly.

Pourquoi ?

Parce que, si l'on se base sur le principe de la Loi de Similitude chère aux médecins qui pratiquent l'Homoéopathie, ces types de vins poussent sur un sol riche en silice ; cet élément pierreux est parfaitement adapté aux sujets porteurs de « cailloux » organiques et en assure la dissolution et l'expulsion.

Doses :

Un à deux verres à Bordeaux après les repas.

CALCULS URINAIRES

L'existence de concrétions formées de sels tels que les urates, les oxalates ou les phosphates et ressemblant à autant de petits grains logés, soit dans les conduits urinaires, soit dans la vessie, ne constitue pas pour autant une contre-indication majeure pour l'usage d'un vin correctement choisi.

Crus conseillés :

Vins blancs secs peu alcoolisés de la région de Sancerre ou de Pouilly.

Pourquoi ?

Les raisons de prescription et de sélection invoquées au cours du paragraphe précédent traitant du rôle du vin dans les cas de calculs biliaires, paraissent devoir être retenues en ce qui concerne le régime alimentaire des sujets atteints de gravelle.

Doses :

Un à deux verres à Bordeaux après les repas.

CARDIAQUE (Insuffisance)

Toute défaillance momentanée ou permanente du muscle cardiaque et qui se manifeste par des symptômes trop connus pour qu'il soit la peine d'y insister ici, peut être agréablement et utilement compensée en adjoignant, dans le régime et dans le traitement médicamenteux, un vin bien choisi.

Crus conseillés :

Vins rouges de Bourgogne (crus de la Côte de Beaune ou de la Côte des Nuits).

Pourquoi ?

Parce que ces vins sont riches en potassium, métal qui exerce une action directe sur l'automatisme cardiaque et sur la tonicité du muscle.

Doses :

Deux verres à Bourgogne au cours des repas.

CHOLESTEROL

Cette substance qui représente un déchet organique

et dont l'excès dans le sang conduit à la formation de sclérose des artères (voir à ce sujet la rubrique : ARTERIO-SCLEROSE), ainsi qu'à d'autres accidents vasculaires (voir à ce sujet : CORONARITE) est l'aboutissement d'un régime trop riche, doublé, chez nos contemporains d'un état de sédentarité qui frise à l'heure actuelle un caractère pathologique ; en dehors des exercices physiques réguliers et d'une alimentation plus légère quant aux matières grasses (lait et beurre en particulier), certains crus peuvent être conseillés et aideront à l'élimination des excès lipidiques.

Crus conseillés :

Vins du Val de Loire (Muscadet des Coteaux de la Loire ou de Sèvres-et-Maine).
Vins des Côtes de Provence.

Pourquoi ?

a) Parce que le cépage qui donne le Muscadet pousse sur un humus pauvre en sels minéraux et qu'il est acide et peu sucré ;
b) parce que les vins de Provence sont diurétiques ; ils aident donc à une élimination des déchets organiques.

Doses :

On conseillera une alternance des deux vins en buvant un jour du premier cru et le lendemain du second, à raison de deux verres à Bordeaux au cours des repas.

COLI-BACILLOSE

Cette affection, souvent pénible, d'origine intestinale, est dûe à un micro-organisme pullulant en milieu alcalin ; elle peut donner lieu à des complications éprouvantes pour la santé ; elles vont de la simple fatigue chronique aux manifestations fébriles aiguës ; l'adjonction au régime alimentaire préconisé par le médecin traitant d'un vin bien choisi et à condition qu'il n'existe pas de lésions rénales, agira à la fois à titre préventif, pour le docteur Sollier et à titre curatif, si l'on se réfère aux travaux et aux recherches de Madame Jensen et du professeur Masquellier.

Crus conseillés :

Vin blanc sec ou Champagne sec.
Vin rouge de la région de Médoc.

Pourquoi ?

a) Parce que, selon le docteur H. Galhinger, le vin blanc sec acidifie le milieu humoral et représente en outre, un excellent bactéricide ; il sera donc absorbé à titre préventif chez les sujets qui ont tendance à cultiver en excès leurs colibacilles ;
b) parce que le vin rouge, par sa richesse en œnotannins et en sels minéraux est à la fois anti-microbien et reminéralisant ; il sera donc consommé à titre curatif en complément heureux du traitement médical.

Doses :

Deux verres à Bordeaux au cours de chaque repas, selon le cas à prévenir ou à guérir.

COLITE

L'inflammation chronique du tractus intestinal, si commune de nos jours, s'accompagne généralement de réactions muco-membraneuses et de douleurs abdominales de type spasmodique ;
dans un très grand nombre de cas, cette affection reconnaît comme cause principale, un déséquilibre du système neuro-végétatif en rapport avec le genre de vie que les circonstances actuelles obligent à mener.

Crus conseillés :

Vins blancs secs à faible degré d'alcoolisation, en particulier le vin de Gaillac sec.

Pourquoi ?

Parce que les composés naturels de ce type de jus de raisin constituent un équilibrant de la tonicité intestinale.

Doses :

Un à deux verres au cours des repas.

CONSTIPATION

La paresse intestinale peut reconnaître un certain

nombre de causes dont l'une des plus importantes réside dans l'atonie des muscles lisses de la paroi du tube digestif ; d'autre part, l'usage immodéré de laxatifs risque, au bout d'un certain temps, de favoriser cette paresse même et le sujet, atteint de cette infirmité, ne peut plus sortir du cercle vicieux préjudiciable à sa santé.
L'introduction ou l'usage modéré, dans le régime habituel, de vins adaptés à cette paresse digestive et motrice, ne peut que favoriser le travail de l'exonération intestinale.

Crus conseillés :

Vins blancs d'Anjou ou de Vouvray.

Pourquoi ?

Parce que, peu alcoolisés, légèrement sucrés, riches en tartrates et en glycérine, ils sont, par là-même, excito-moteurs de la muqueuse de l'intestin dont ils favorisent la sécrétion.

Doses :

Deux verres à Bordeaux au cours des repas.

CONVALESCENCE

L'adynamie qui succède à une maladie aigüe ou de longue durée est justiciable depuis toujours, de l'usage de vins dits « reconstituants » dont l'ancienne pharmacopée était richement pourvue ; ces vins naturels avaient d'ailleurs été largement et sagement recommandés par les médecins de l'ancien temps. Aujourd'hui, nous avons le rare privilège de vivre une époque dite « scientifique » et le choix des remèdes dynamogénétiques se porte plutôt sur des dragées vitaminées insipides ou sur des ampoules d'extrait de foie peu agréables au palais ; mais il n'en est pas moins vrai qu'un bon jus de la treille gorgée de soleil et riche des éléments naturels puisés dans le sol apporte au convalescent de quoi lui réchauffer à la fois le corps et l'âme.

Crus conseillés :

Vins rouges de Bordeaux de la région du Médoc.
Vins du Roussillon.

Pourquoi ?

a) Parce que les vins de la région du Médoc contiennent en moyenne par litre de 100 à 300 mg de phosphate associé au cation potassium ;
b) parce que les vins du Roussillon sont riches en éléments reconstituants, comme le sucre naturel qu'ils contiennent.

Doses :

Un verre à Bordeaux avant le repas et au moment du fromage.

CORONARITE

L'inflammation des artères coronaires qui nourrissent le muscle cardiaque reconnaissent des causes qu'il n'est pas dans notre intention de développer ici ; rappelons seulement que les conséquences de ce trouble circulatoire se manifestent sous forme de douleurs pré-cordiales, du type angine de poitrine, ou sous la forme de tendance embolique du type infarctus du myocarde.

Le docteur Nussbaum, d'après des études statistiques, avait constaté que les pays qui consomment le plus de vin, sont parmi ceux qui comptent le moins d'affections coronariennes ; selon cet auteur, le vin serait à la fois préventif et même utile au cours du traitement de cette affection cardiaque. Toutefois, il reste bien entendu que son usage ne sera pas permis dans le cours d'une crise cardiaque d'allure aigüe.

Cru conseillé :

Champagne sec ou brut.

Pourquoi ?

A cause de la richesse de ce vin en bi-tartrate de potassium qui favorise la tonicité et la contractibilité des muscles ; ce cru agit donc sur le renforcement de la systole cardiaque.

Doses :

Une à deux flûtes avant les repas.

CYSTITE

L'irritation et l'inflammation de la vessie reconnaissent, certes, des causes les plus diverses qu'il appartiendra au praticien ou au spécialiste consulté de reconnaître et de traiter ; il peut s'agir, soit de la présence de calculs urinaires, soit de l'existence d'une coli-bacillose, soit de tout autre cause microbienne.
En dehors, évidemment de la crise aiguë et pénible, on peut être autorisé à consommer du vin, d'autant qu'on a insisté à différentes reprises, sur les vertus bactéricides et diurétiques du jus fermenté de la vigne ; ces dernières ne peuvent être que recommandées dans le cas présent.

Crus conseillés :

Vins blancs doux ou demi-doux de la région d'Anjou.

Pourquoi ?

Parce que ces vins, comme tous les vins en général, sont antiseptiques ; de plus, de par leur composition, ils contribuent à modifier le milieu humoral dont la teneur alcaline favorise la pullulation microbienne.

Doses :

Un à deux verres à Bordeaux au cours des repas.

— D —

DECALCIFICATION

La diminution du taux de calcium dans les milieux organiques comporte des conséquences souvent fâcheuses qui intéressent non seulement les os, mais également les tissus de soutien.
Evidemment, de nombreuses spécialités sont à la disposition des sujets atteints de ce type de carence minérale ; mais leur emploi n'empêche toutefois pas la consommation régulière et adjuvante d'un vin correctement choisi pour ses qualités réminéralisantes.

Crus conseillés :

Vins rouges de Bordeaux (Saint-Emilion).
Vins du Saumurois.
Vins doux du Roussillon.

Pourquoi ?

Parce que les vignes qui fournissent ces différents crus poussent sur des terrains calcaires ; le choix entre ces trois types de vins reste une question de tolérance individuelle et de goût personnel.

Doses :

Deux verres à Bordeaux au cours des repas pour les vins de Saint-Emilion ou du Saumurois ; un verre à Bordeaux avant les repas pour les vins du Roussillon.

DEMINERALISATION

La perte excessive d'éléments minéraux que l'on peut observer chez le sujet âgé au cours de certaines affections aiguës ou chroniques, intéresse non seulement le seul calcium dont il a été question au cours du précédent paragraphe, mais également d'autres éléments tout aussi utiles et qu'il convient de remplacer.

Crus conseillés :

Bourgogne rouge (Gevrey-Chambertin ou Clos-Vougeot).
Châteauneuf-du-Pape.

Pourquoi ?

Parce que ces vins sont riches en extraits minéraux (calcaires, silices et phosphates).

Doses :

Un verre à Bourgogne après le repas.

DEPRESSION NERVEUSE

Il n'est pas possible de passer sous silence la grande maladie qui atteint de nos jours les enfants de notre siècle de progrès continu et d'amélioration constante (quoique fragile) du niveau de vie.

A-t-on jamais fait autant usage de tranquillisants et d'euphorisants artificiels à l'heure où l'on proclame à l'envie les bienfaits et les avantages d'une civilisation industrielle et technocratique qui met à l'aise ses promoteurs et ses thuriféraires. De quelle carence s'agit-il le plus souvent dans ces états de fatigue psychique sinon de celle qui intéresse au premier chef, le phosphore, aliment de choix de la cellule nerveuse ?

Cru conseillé :

Vin rouge de la région de Médoc.

Pourquoi ?

Parce que, grâce à sa teneur en glycérine qui se combine au niveau de l'intestin avec les phosphates contenus dans le jus de raisin fermenté, il se forme des glycéro-phosphates de chaux naturels qui ont des propriétés stimulantes.

Doses :

Un à deux verres à Bordeaux avant et pendant le repas.

DIABETE

Ce terme sert d'étiquette à toutes sortes d'expressions pathologiques, toutes se manifestant par une

émission très abondante d'urines avec soif excessive et appétit anormal ; mais dans la pratique courante, il désigne surtout une affection que l'on a qualifiée de « Diabète sucré », qui est constituée par un trouble dans le métabolisme des glucides avec présence de sucre en excès dans le sang et dans les urines.

Indépendamment du régime alimentaire souvent fort restrictif, surtout en ce qui concerne les féculents et les thérapeutiques médicamenteuses, certains crus se trouvent être parfaitement indiqués, voire même conseillés, chez les sujets qui sont porteurs de cette affection.

Cette affirmation est étayée par les résultats des travaux du professeur Soula et du docteur Baisset, de Toulouse, qui se sont l'un et l'autre particulièrement intéressés à la question, ainsi d'ailleurs que le docteur Weissembach, médecin des Hôpitaux de Paris.

Crus conseillés :

Vins rouges jeunes et moyennement alcoolisés (Bordeaux ou Sancerre).

Pourquoi ?

Les raisons en sont nombreuses ; d'abord le vin, de par sa composition même agit comme un aliment qui vient en remplacement des féculents interdits ;

il empêche d'autre part l'apparition du coma

diabétique en s'opposant à la formation des corps cétoniques ;
par sa teneur en vitamines, il stimule la combustion des sucres et des corps gras ;
enfin, il facilite le métabolisme des aliments azotés et des lipides qui vont remplacer, dans l'alimentation et le régime du diabétique, les hydrates de carbone prohibés ou diminués en quantité.

Doses :

800 grammes de vin rouge en moyenne par jour.

DIARRHEE

Les réactions de la muqueuse intestinale avec ses conséquences pénibles et souvent douloureuses, peuvent être de caractère aigu et passager ou présenter une certaine tendance à la chronicité.
Les vins conseillés plus bas seront donc, eux aussi, de caractère différent.

Crus conseillés :

Dans la Diarrhée aiguë, on boira des vins légers rouges de préférence, comme le Beaujolais jeune ;
Dans les Diarrhées chroniques, on se trouvera bien de l'usage de vins vieux moyennement alcoolisés, de la région de Médoc.

Pourquoi ?

Parce que l'un et l'autre de ces crus contiennent du tanin dans des proportions variables et en augmentation avec l'âge même du vin qui a été sélectionné selon le cas en présence.

Doses :

Un verre à Bordeaux avant et après le repas.

DYSPEPSIE

Une digestion habituellement difficile reconnaît comme causes principales (car il peut en exister de nombreuses) des troubles dans la motilité de la musculature gastrique ou un ralentissement des sécrétions de l'estomac ;
dans un cas comme dans l'autre, un vin bien choisi remédiera agréablement à cet inconvénient qui influe souvent sur le caractère psychique du sujet atteint.

Crus conseillés :

Vins blancs secs ou demi-secs de la région d'Anjou ou de Vouvray.

Pourquoi ?

Parce que, de par leur composition, ces vins agissent en tant qu'agents de l'excitation portant à la fois sur la musculature lisse de l'estomac et sur la qualité de la sécrétion gastrique.

Doses :

Un à deux verres à Bordeaux à la fin des repas.

— E —

ECZEMA

Cette maladie de la peau peut revêtir de nombreuses expressions ; dans la plupart des cas, elle est caractérisée par de la rougeur cutanée et par l'apparition de vésicules prurigineuses, tantôt fermées, tantôt suintantes.

Crus conseillés :

Indifféremment, vins blancs ou rouges légers.

Pourquoi ?

Parce que ces vins ne sont pas interdits chez les sujets porteurs de cette affection de la peau.

Doses :

Un demi-litre par jour en moyenne et à doses fractionnées au cours des repas.

ENTERITE

L'inflammation chronique de la muqueuse intestinale s'accompagne généralement de phénomènes douloureux et d'une tendance à la diarrhée (voir cette rubrique) ; indépendamment du traitement médical adéquat et du régime alimentaire approprié, l'usage raisonné et raisonnable de certains crus bien choisis, ne peut que rendre service à ceux qui souffrent de cette affection si souvent rebelle.

Crus conseillés :

Vins rouges du Médoc, vieux et légers.

Pourquoi ?

Parce que ces vins sont riches en œnotanins dont on a étudié les propriétés au cours d'un chapitre antérieur.

Doses :

Deux verres à Bordeaux au cours des repas.

ESTOMAC (Descente d')

La ptose gastrique, dont la fréquence augmente au fur et à mesure que l'homme, et surtout la femme d'aujourd'hui, bénéficient des avantages acquis par ce qu'il est convenu d'appeler le progrès, ne représente, en définitive, qu'un des nombreux aboutissements de la paresse musculaire que ce fameux « progrès » contribue à favoriser.

En dehors des exercices physiques recommandés dans ce cas et du régime alimentaire adapté à l'importance du délabrement de l'organe digestif en question et des réactions musculaires, un vin bien indiqué apportera un secours utile et même fort apprécié au goût du patient.

Cru conseillé :

Champagne demi-sec.

Pourquoi ?

Parce que ce type d'affection est souvent sous la dépendance du système nerveux (qu'il s'agisse, suivant les cas, du pneumogastique ou du sympathique) ; il convient de prescrire un vin peu alcoolisé et d'un faible degré d'acidité, mais qui ne soit pas trop jeune ou trop riche en tanin ; ces propriétés sont réalisées par le vin conseillé plus haut ; d'autre part, la Champagne contient une certaine quantité de potassium (entre 30 à 100 mg par litre) dont on connaît la double action sur la contractibilité et sur la tonicité de la musculature ; on n'oubliera pas, en effet, que l'estomac est un muscle.

Doses :

Deux flûtes au cours des repas.

ESTOMAC (Paresse d')

Bien digérer compte souvent plus que ce que l'on mange ; on n'oubliera pas d'autre part que la digestion est un processus qui se fait en milieu acide ; les digestions difficiles sont souvent dûes, soit à un manque de tonicité de la musculature gastrique, comme dans le cas précédent, soit encore à une insuffisance des sécrétions digestives ; ces deux phénomènes sont, dans la plupart des cas, associés ; il s'agit, en quelque sorte, de redonner à l'estomac, à la fois une tonicité normale et une certaine acidité du milieu, facteurs qui sont soit absents, soit réduits.

Cru conseillé :

Champagne sec ou brut.

Pourquoi ?

Parce que ce vin au pH favorable et égal en moyenne à 2,85 agit à la fois dans le sens de la tonicité par ses tanins, ses glucides et par son gaz carbonique naturel, résultat de la décomposition du sucre ;
de plus il contient du potassium sous forme de bi-tartrate dont on connaît les effets sur la contractibilité des fibres musculaires ; enfin, il accélère la sécrétion des ferments agissant sur la digestion des substances albumoïdes (viandes et poissons ;
d'où son avantage sur les eaux gazeuses le plus souvent artificiellement préparées et pauvres en éléments chimiques.

Doses :

Une à deux flûtes à la fin des repas.

— F —

FATIGUE

Ici, il y a lieu de distinguer ce qu'il faut entendre par le terme de « Fatigue », qui revient si souvent dans les propos de nos contemporains ; il peut s'agir d'un simple épuisement physique dû à un travail musculaire excessif et ce sera sous cet angle que l'on envisagera la fatigue au cours de cette rubrique ; quant à la fatigue d'origine nerveuse ou psychique avec ses répercussions sur l'affectivité, nous en reparlerons dans la rubrique : NEURASTHENIE.

Crus conseillés :

Vins de Bordeaux de la région de Saint-Emilion.
Vins de Bourgogne de la région de la Côte de Beaune.

Pourquoi ?

Parce que ces vins sont tous deux riches en tanin, en phosphore et en fer sous sa forme soluble ; ils sont reconstituants et toniques et ils apportent à l'organisme fatigué l'élément qui lui manque (relire à ce sujet le poème de Baudelaire sur le vin).

Doses :

Un verre à Bordeaux ou à Bourgogne (suivant les goûts) avant et après les repas.

FIEVRE

Toute élévation anormale de température, surtout si elle se prolonge, représente un signe morbide dont on doit tenir compte et qui justifie un avis médical ; en effet, multiples peuvent en être les causes ; dans bien des cas, ce phénomène détermine chez celui qui en est atteint, des symptômes d'adynamisme ou pour parler plus clairement, une perte d'énergie qu'il convient de compenser pour en éviter les conséquences fâcheuses.
Indépendamment des remèdes conseillés et prescrits, un bon vin doit aider le malade à retrouver une température normale.

Cru conseillé :

Champagne sec ou brut.

Pourquoi ?

Parce que ce vin contient, entre autres, deux éléments importants dans l'aide à apporter au sujet fiévreux : le phosphore qui est éminemment dynamogénétique et le soufre combiné sous sa forme de sulfate de potassium dont l'action détoxicante sur l'organisme a été établie.

Doses :

Une bouteille par jour.

FLATULENCE

L'accumulation de gaz dans l'estomac a déjà été traitée sous la rubrique : AEROPHAGIE.
Il ne sera donc question ici que du même phénomène, mais localisé cette fois à la hauteur de l'intestin.

Crus conseillés :

Vins blancs secs d'Alsace, jeunes.

Pourquoi ?

Parce que leur teneur en sels minéraux et en oligo-éléments constituent un apport précieux pour combattre la tendance à la paresse intestinale qui intéresse aussi bien la musculature lisse de cette portion du tube digestif que la sécrétion des sucs locaux ; en effet, leur carence intervient en tant que l'une des causes principales de ce phénomène.

Doses :

Une demi-bouteille par jour partagée entre les deux repas.

FOIE (Paresse du)

Au risque de donner naissance à un concert unanime de protestations de la part des amateurs éclairés de régime (et il y en a de plus en plus en notre époque de dirigisme organisé), le vin est loin d'être contre-indiqué chez les sujets dont le foie est paresseux, mais à condition toutefois que cette insuffisance hépatique ne soit pas liée à l'existence d'une cirrhose, soit au début, soit surtout en cours d'évolution.

Rappelons, pour mémoire, que cet état d'insuffisance se traduit par une variété de petits symptômes qui ont déjà été passés en revue au cours de ce formulaire et étudiés sous des rubriques différentes auxquelles le lecteur est invité à se reporter, s'il se plaint plus spécialement de certains malaises plus précis (voir alors les rubriques : AEROPHAGIE, MANQUE d'APPETIT, INSUFFISANCE BILIAIRE, CONSTIPATION, DYSPEPSIE, LITHIASE BILIAIRE, en particulier) ; mais s'il existe simplement un petit état de paresse hépatique (symptôme vague, évidemment, mais que le sujet qui en est porteur, éprouve en réalité), on conseillera pour corser un peu le régime alimentaire parfois éprouvant, la consommation raisonnable de certains crus.

Crus conseillés :

Vins de Champagne secs.

Pourquoi ?

Parce que ces vins sont riches en soufre sous la forme généralement combinée de Sulfate de potassium ; on a vu, à plusieurs reprises au cours des pages antérieures, que ce minéral joue un rôle de détoxication et que, grâce à lui, le foie peut faire agir sa fonction antitoxique ; il joue donc à la fois un rôle de nettoyage et de protection contre les poisons microbiens ou organiques.

Doses :

Une flûte au milieu et à la fin des repas.

— G —

GOUTTE

On admet classiquement que cette affection d'origine diathésique et qui affecte certaines articulations, en particulier celle du gros orteil, ne se rencontre que chez les gros mangeurs et les francs buveurs ; or, cette affirmation n'a pas toujours été vérifiée et on a pu constater des accès de goutte chez des sujets qui suivent pourtant un régime très sévère ; le facteur hérédité a naturellement son rôle à jouer dans ce dernier cas.

Quoi qu'il en soit, le terrain « goutteux » s'apparente de très près au terrain dit « arthritique », en ce sens que l'organisme du sujet est surchargé d'acides urique et oxalique, lesquels doivent être éliminés.

Aussi convient-il de choisir un vin approprié à la diathèse en question et de le consommer, bien entendu, en dehors des crises aiguës.

Crus conseillés :

Vins blancs légers de Sancerre ou de Pouilly. Vins rosés de Provence.

Pourquoi ?

Parce que, grâce à leurs propriétés alcalinisantes et à la présence de carbonates alcalins, ces deux catégories de vins favorisent la dissolution de l'acide urique et de l'acide oxalique ; de plus, ils aident à une bonne diurèse.

Doses :

Deux verres à Bordeaux au cours des repas.

GRAVELLE

(Voir : CALCULS URINAIRES.)

GRIPPE

Cette affection contagieuse et d'origine virale, souvent saisonnière, peut, dans certains cas atteindre profondément le tonus vital du malade qui en est la victime. On peut alors constater ou ressentir un état d'adynamie avec faiblesse cardiaque et bloquage des reins ; l'organisme a le plus pressant besoin d'un apport énergétique efficace, rapide et spécifique, d'autant plus que la thérapeutique actuellement en vogue consiste à prescrire des doses massives d'antibiotiques qui souvent, dépassent de loin le but à atteindre.

Crus conseillés :

Vins rouges de Bourgogne de la région des Côtes du Rhône.

Pourquoi ?

Parce que ces vins sont riches en alcool ; de ce fait, dynamogènes et calorigènes ; ils contiennent en plus des antibiotiques naturels.

Doses :

On conseillera au cours de l'évolution fébrile, de réaliser la recette suivante pour administrer le vin au malade : chauffer au bain-marie à 60° une bouteille du cru indiqué plus haut et dans le contenu de laquelle on aura ajouté auparavant 15 grammes de cannelle et 5 morceaux de sucre ; y incorporer ensuite quelques zestes de citron ; boire en trois ou quatre fois, la valeur d'une demi-bouteille par jour.

— H —

HEMORRAGIES (Tendance aux)

Il n'est évidemment pas question, dans cette rubrique, de faire reposer toute la thérapeutique des hémorragies sur la seule vertu du jus fermenté de la vigne ; mais il existe une catégorie de sujets qui sont enclins, au moindre choc, à présenter des ruptures qui intéressent les petits vaisseaux super-

ficiels de la peau et à faire donc, ce que l'on désigne habituellement sous le nom des « bleus ». Dans d'autres cas, à la suite d'une sérieuse perte de sang par blessure, traumatisme, etc., il y aura lieu de redonner au malade un nombre normal de globules rouges pour remplacer ceux qui ont été perdus du fait de l'hémorragie.
Dans chacune de ces deux éventualités, le vin aura son rôle à jouer.

Crus conseillés :

Vins de Champagne demi-secs.
Vins rouges de Bordeaux ou de Bourgogne.

Pourquoi ?

a) Par leur richesse en sucre naturel et en alcool, les vins de Champagne demi-secs permettent de relever rapidement l'état général du sujet affaibli par une perte de sang ;
b) dans un second stade et pour refaire un taux normal de globules rouges dans un sang plus ou moins anémié, le vin rouge des régions pré-citées, agira grâce à sa teneur en fer et en matières minérales.

Indépendamment de cette action reconstituante, il est à signaler que, grâce à la présence d'œnotanins, le vin rouge contient de la vitamine P qui permet une augmentation de la résistance capillaire et dont l'action est connexe et complémentaire de celle de la vitamine C (se reporter à ce sujet au chapitre III de la 1re partie de cet ouvrage).

HEMORRAGIES GASTRIQUES

Un paragraphe spécial doit être réservé à ce type d'hémorragie si fréquent au cours de l'ulcère d'estomac et qui détermine à la longue un état d'anémie qui vient encore compliquer la mauvaise condition digestive du sujet qui en est atteint ; dans ce cas également, le vin est loin d'être proscrit.

Crus conseillés :

Vins rouges de Bordeaux ou de Bourgogne.

Pourquoi ?

Parce que l'expérience a prouvé que ces vins riches en tanin aux propriétés astringeantes, possèdent des vertus hémostatiques.

Doses :

Une demi-bouteille à absorber par petites gorgées au cours de la journée.

HYPERCHLORHYDRIE

L'excès de sécrétion d'acide chlorhydrique dans l'estomac, dû le plus souvent à une augmentation pathologique de la motricité stomacale, appelle chez le sujet qui en est la victime, l'indication de certains vins correctement choisis.

Crus conseillés :

Vins rouges ou blancs à faible degré d'acidité comme les vins du Saumurois.

Vins blancs très sucrés comme les vins de la région de Sauternes, de Barsac ou de Sainte-Croix-du-Mont.

Pourquoi ?

Pauvres en tanin, mais poussant sur des terrains calcaires, ces différents crus sont riches en calcium, lequel exerce une action sédative sur l'excitabilité de la cellule nerveuse.

Doses :

Un à deux verres au cours des repas.

HYPERTENSION

L'élévation de la tension artérielle au-dessus de la normale physiologique, ne représente pas toujours un signe de lésion atteignant le système circulatoire ou l'appareil cardio-rénal ; dans bien des cas et surtout en notre époque survoltée, il s'agit d'un trouble souvent passager en rapport avec un état de nervosité excessive ou d'hyperémotivité ; de toutes façons, le diagnostic causal sera fait par le médecin consulté en pareil cas ; si l'on s'en réfère aux conlusions apportées par le professeur Charles Laubry et par le docteur J. Lemant, l'hypertension artérielle n'est pas la conséquence du seul abus de vin ; son usage normal et raisonnable ne doit pas être, dans ce cas, systématiquement exclu.

Crus conseillés :

Vins blancs légers et secs de faible degré alcoolique, comme les vins de la région de Sancerre, les vins de Pouilly ou les vins d'Alsace.

Pourquoi ?

Parce que ces vins sont diurétiques ; ils provoquent ainsi une décharge de chlorures, d'urée et d'acide urique ; ils aident à l'élimination de l'excès de liquide organique qui favorise la pléthore sanguine qui représente un facteur important dans la tendance à l'hypertension.

Doses :

Deux verres à Bordeaux au cours des repas.

HYPOCHLORHYDRIE

(Voir : ESTOMAC - Paresse d')

HYPOTENSION

La baisse du tonus vasculaire avec ses conséquences de fatigue, d'asthénie et de mauvais moral, appelle, en tous cas, l'administration de vin.

Crus conseillés :

Vins rouges de Bourgogne, de la région des Côtes de Beaune.

Vins de Banyuls.

Pourquoi ?

Parce que ces vins sont riches en potassium et qu'ils s'adressent grâce à l'action de ce métal, à la faiblesse du système nerveux et musculaire.

Doses :

Deux à trois verres au cours des principaux repas, pour les vins de Bourgogne.

Un verre à Bordeaux avant le repas pour les vins de Banyuls.

— I —

INFARCTUS (Tendance à l')

L'oblitération d'une artère importante comme l'artère coronaire qui nourrit le muscle cardiaque, comporte des conséquences qui sont maintenant trop connues pour qu'il soit utile d'y insister.

Un malade qui a déjà été frappé de ce trouble circulatoire ne doit pas pour autant, bannir le vin de son régime habituel ; bien au contraire, car en faire une consommation raisonnable, loin de lui être nuisible, peut constituer, aux dires des cardiologues dont le professeur Charles Laubry, un des auxiliai-

res du traitement classique et représenter sur le plan psychique, un agent de la guérison.
Si l'on s'en réfère, d'autre part, aux statistiques publiées par le docteur Nussbaum, il a été constaté que les pays qui consomment le plus de vin, sont également ceux qui comptent comparativement aux autres, le moins d'affections coronariennes.

Cru conseillé :

Vin de Champagne sec.

Pourquoi ?

A cause de sa richesse en bitartrate de potassium qui joue un rôle important dans le mécanisme de la contractilité cardiaque.

Doses :

Une à deux flûtes avant et après les repas.

INFLUENZA

(Voir : GRIPPE.)

— L —

LITHIASE BILIAIRE

(Voir : CALCULS BILIAIRES.)

LITHIASE URINAIRE

(Voir : CALCULS URINAIRES.)

— M —

MENOPAUSE

La fin de l'activité génitale de la femme s'accompagne de toutes sortes de troubles plus ou moins ennuyeux et qu'il appartient à la thérapeutique hormonale prescrite par le médecin traitant, de corriger dans la mesure du possible. Toutefois, le régime alimentaire souvent hypocalorique suggéré, peut, sans inconvénients, sinon souvent avec avantages, s'agrémenter d'un vin bien choisi et adapté à cette période difficile de la vie féminine.

Cru conseillé :

Vins de Bordeaux de la région du Médoc.

Pourquoi ?

A cause de leur richesse en œnotanins qui agissent par l'intermédiaire de la vitamine P sur la résistance des parois des capillaires sanguins ; or, l'un des « symptômes » propres au retour d'âge est justement cette fragilité des petits vaisseaux qui ont tendance à se rompre au moindre contact et qui contribuent, en s'écrasant, à former ces « bleus », apparents sous la surface de la peau.

Doses :

Deux verres à Bordeaux au cours des repas.

— N —

NEURASTHENIE

Voilà bien un état qui, plus que tout autre, est justiciable d'un emploi raisonnable et raisonné du vin.

Le « Taedium vitae », ce dégoût de vivre que connaissaient déjà les Latins, peut reconnaître des causes nombreuses, tant physiques que psychiques ; mais, lorsqu'il y a des lésions irréversibles du système nerveux central, point de départ de modifications caractérielles, la plupart des auteurs sont d'accord pour reconnaître au vin des propriétés analeptiques et euphorisantes.

Cru conseillé :

Blanquette de Limoux.

Pourquoi ?

Ce vin blanc, déjà recommandé aux neurasthéniques par le docteur Barthez, médecin de la Faculté de Montpellier au XVIIIe siècle, à cause de sa teneur en phosphates, agit à ce titre comme un aliment du système nerveux central, tant sur les cellules cérébrales que sur les noyaux de la base du cerveau et sur la moëlle épinière.

Doses :

Une demi-bouteille par jour en dehors des repas.

— O —

OBESITE

L'excès pondéral est souvent une véritable infirmité qui contribue à gâcher la vie de celui qui en souffre et surtout à altérer sa santé générale.

On a étudié plus haut (voir la rubrique : AMAIGRISSANT - Régime), les incidences d'une discipline alimentaire par trop restrictive et leur correction grâce à l'emploi d'un cru bien choisi ; mais si l'obèse ne veut pas ou ne peut pas perdre du poids, il ne doit pour autant, se priver de vin ; mais celui-ci doit être évidemment bien sélectionné.

Crus conseillés :

Vins rosés de Provence.

Pourquoi ?

D'abord, parce que ces vins sont pauvres en alcool ; d'autre part, ils possèdent des propriétés diurétiques et ils favorisent, de ce fait, l'élimination par les urines, des déchets organiques, dont l'acide urique ; enfin, ils agissent en tant que stimulants des glandes à sécrétion interne dont l'action est souvent ralentie chez les obèses.

Doses :

Une bouteille par jour, partagée entre les deux repas.

OPERATIONS (Suite d')

(Voir : CONVALESCENCE.)

OSTEOPOROSE

La décalcification diffuse de certains os importants du squelette, souvent en rapport avec un dérèglement endocrinien, est justiciable de la prescription, non seulement d'une thérapeutique appropriée, mais aussi en complément, d'un régime alimentaire riche en substances nutritives pour le tissu osseux, à savoir, le calcium et le phosphore ; ces corps simples sont biologiquement liés, en ce sens qu'un apport calcique pour l'organisme ne sera réellement bénéfique qu'en présence de phosphore.
On trouvera un apport intéressant et complémentaire de ces deux éléments à l'état naturel dans un vin bien choisi.

Crus conseillés :

Vins rouges de Bordeaux de la région du Médoc.
Vins rouges de Bourgogne de la région de la Côte de Nuits.

Pourquoi ?

Parce que ces crus sont obtenus à partir de

vignes poussant sur des terrains calcaires et qu'ils contiennent en moyenne, surtout en ce qui concerne les vins du Bordelais, de 100 à 300 mg de phosphore par litre.

Doses :

Boire en alternance un jour, deux verres de vins de Bordeaux aux repas et le lendemain, la même quantité de vins de Bourgogne.

— P —

PHOSPHATURIE

Une déperdition de l'économie en phosphates se décèle, chimiquement parlant, par la présence en excès de cet élément dans les urines ; d'ailleurs cet examen vient confirmer le diagnostic posé par le médecin consulté par la malade qui se plaint de fatigue et de dépression psychique.
Ici encore, en dehors du traitement médical, certains crus peuvent s'ajouter favorablement et agréablement aux remèdes prescrits dans ce cas.

Cru conseillé :

Vins de Champagne, secs ou demi-secs, selon les goûts.

Pourquoi ?

Parce que ces vins contiennent du phosphore, à

raison de 30 à 100 mg par litre ; de plus, ils sont légers et stimulants.

Doses :

Une flûte après les repas.

PNEUMONIE

(Voir : GRIPPE.)

PTOSE d'ESTOMAC

(Voir : ESTOMAC - Descente d'.)

PURPURA

Cette affection se caractérise essentiellement par l'apparition d'éruptions cutanées sous forme de taches rougeâtres, dues à des ruptures, à l'intérieur même du derme, de petits vaisseaux capillaires ; ces ruptures provoquent donc de petites hémorragies localisées ; il est bien évident que cette maladie, ou plutôt cette tendance morbide, fera l'objet d'une surveillance médicale et d'une thérapeutique appropriée qui agira sur la fragilité des capillaires ; toutefois, l'usage d'un vin bien choisi peut être recommandé.

Cru conseillé :

Vins de Bordeaux de la région de Saint-Emilion.

Pourquoi ?

A cause de leur richesse en œnotanins, riches en vitamines P, l'une des deux vitamines anti-scorbutiques ; en effet, sa carence entraîne une diminution de la résistance des capillaires sanguins, donc une tendance aux phénomènes hémorragiques.

Doses :

Un à deux verres à Bordeaux au cours des repas.

— R —

RACHITISME

Cette affection survenant au cours de la croissance, se manifeste par un trouble dans l'apport du calcium et du phosphore au sein de l'organisme ; dans le régime alimentaire du jeune sujet victime d'une carence en vitamine D, laquelle permet la fixation et la mise en activité de ces éléments, on est autorisé à incorporer une certaine quantité de vin, qui représentera une source naturelle à la fois du minéral et du métalloïde.

Crus conseillés :

Vins blancs de Bordeaux de la région de l'Entre-Deux-Mers.

Vins rouges de Bordeaux de la région de Médoc.

Pourquoi ?

a) Parce que le premier de ces deux crus provient de vignes qui poussent sur un terrain argilo-calcaire, donc riche en calcium ;
b) parce que le second contient, et nous l'avons déjà signalé à plusieurs reprises, de 10 à 300 mg de phosphore par litre.

Doses :

A partir de l'âge de cinq ans, on peut donner à l'enfant 50 grammes de vin de Bordeaux avant les repas, en alternant un jour le vin blanc et le jour suivant, le vin rouge ; après 10 ans, on peut en donner jusqu'à 100 grammes.

RETOUR d'AGE

(Voir : MENOPAUSE.)

RHUMATISME CHRONIQUE

Cette affection, si répandue aujourd'hui, nécessite évidemment à la fois, des traitements médicamenteux et physiothérapiques, des cures thermales ou marines appropriées au cas à traiter et une discipline alimentaire souvent stricte, laquelle peut parfois conduire à certaines carences.
On n'oubliera pas non plus que le soufre, dont l'action détoxicante est d'une importance capitale,

représente un élément indispensable au rhumatisant chronique ; or, le vin pur et de bonne qualité contient à l'état naturel, les éléments minéraux dont le rhumatisant a le plus grand besoin.
D'autre part, on connaît le rôle euphorisant joué par le jus fermenté de la treille chez le sujet souffrant de douleurs articulaires et souvent atteint d'une réduction plus ou moins importante de son activité, ce qui ne manque pas d'influencer son moral.

Crus conseillés :

Vins blancs légers, comme les vins nature de Champagne.

Pourquoi ?

A cause de leur richesse en soufre et en éléments minéraux.

Doses :

Deux verres au cours des repas.

— S —

SALMONELLOSES

On groupe sous ce terme général, toute une série de manifestations intestinales d'origine microbienne dont les symptômes revêtent la forme typhique classique.

Crus conseillés :

Vins rouges vieux de la région de Médoc, en bon état de conservation.

Pourquoi ?

A cause de leur richesse en composés phénoliques dont on a étudié les propriétés dans la première partie de cet ouvrage.

Doses :

Une demi-bouteille par jour répartie entre les deux repas.

SENESCENCE

(Voir : VIEILLESSE.)

— T —

TUBERCULOSE

Puisqu'il est question ici de cette affection qui, d'après les plus récentes statistiques, est plus répandue dans les départements non vinicoles, l'usage du vin, aux dires des pneumologistes, entre autres le docteur Nustal de Montana pour ne citer que ce dernier, serait loin d'être contre-indiqué et défendu chez les sujets porteurs habituels de bacilles de Kock.

Crus conseillés :

Vins rouges de Bordeaux de la région de Médoc.
Vins de Champagne brut.

Pourquoi ?

a) Par leur richesse en calcium, les vins de Médoc favorisent la réminéralisation de l'organisme ; par leur teneur en phosphore, ils apportent un élément euphorisant au système nerveux ; enfin, comme tous les jus fermentés de la treille, ils jouissent de propriétés bactéricides ;
b) quant aux Champagnes bruts, leur richesse en potassium leur confère des qualités de tonification chez le sujet fatigué par une longue maladie ; de plus, ils sont parfaitement indiqués absorbés frappés, au cours des hémorragies qui peuvent venir compliquer la forme pulmonaire de la maladie.

Doses :

Pour les vins de Bordeaux, 800 centilitres par jour ; pour le Champagne, trois à quatre flûtes au cours de la journée.

TYPHOIDE (Fièvre)

(Voir : SALMONELLOSE.)

— U —

URATES (Excès d')

La diathèse urique qui entre dans le cadre des manifestations d'auto-intoxications connues sous le terme génral d'arthritisme, peut être mise sur le compte de dysfonctionnements métaboliques intéressant plus particulièrement les substances protidiques ; le sujet a donc tendance à ne pas éliminer en quantité suffisante les cristaux d'urates qu'il va retenir, soit dans ses articulations, soit dans les canaux du rein ou dans les conduits urinaires ; On rappellera à ce sujet, la préoccupation de certains diététiciens américains en ce qui concerne l'acidité des urines et qui préconisent, faute de vinaigre de vin qui n'existe pas aux Etats-Unis, du vinaigre de cidre riche en potassium ; un vin bien choisi est toutefois conseillé dans ces cas.

Crus conseillés :

Vins du Saumurois, soit blancs, soit rouges.
Gros Plant du pays nantais.

Pourquoi ?

a) Parce que les vins du Saumurois proviennent de vignes cultivées sur des sols calcaires et parfois siliceux ; d'une part, des doses très faibles de ces deux éléments agissent sur les troubles d'assimilation et de métabolisme ; d'autre part, leur action diurétique accentue à la fois un fonctionnement normal touchant la sécrétion et l'excrétion de la glande rénale ;

b) en ce qui concerne le « Gros Plant », il agit grâce à sa très grande richesse en bitartrate de potassium, ce qui lui confère des propriétés éminemment diurétiques.

Doses :

Deux verres à Bordeaux au cours des repas.

URTICAIRE (Tendance à l')

Le vin est doué de propriétés immunisantes à l'égard des substances capables de provoquer des phénomènes d'allergie, c'est-à-dire des réactions d'hypersensibilité ; dont l'urticaire représente un des symptômes.

Le docteur Weissembach relate le cas de sujets sensibilisés aux fraises, fruit qui déterminait chez ces derniers, des crises urticariennes et qui n'en présentaient plus s'ils avaient la précaution de faire macérer auparavant ces fruits dans du vin rouge et ce quinze à vingt minutes avant de les consommer ; de même, le professeur Loeper, cité par le docteur Dougnac dans sa thèse, avait constaté exactement la même absence d'urticaire chez deux malades qui y étaient sujets après ingestion de poissons, mais à condition qu'ils accompagnent ce plat d'une absorption de vin pur.

Crus conseillés :

Vins rouges légers avec les fraises.
Vins blancs légers avec le poisson (de la région de Sèvre-et-Maine).

Pourquoi ?

Du fait des propriétés antallergiques du vin.

Doses :

Un grand verre à Bordeaux dans les deux cas et au cours des repas.

— V —

VIEILLESSE

On a dit et on a écrit à maintes reprises que le vin constitue le lait des vieillards ; et c'est exact dans l'immense majorité des cas ; le sujet âgé a d'autant plus besoin de calories qu'il souffre, même s'il se trouve être en bonne santé, d'un ralentissement de son métabolisme ; il lui faut donc suppléer à une carence évidente, d'autant que le jus fermenté de la treille lui apporte en outre des éléments minéraux, comme le phosphore et le calcium qui lui sont indispensables.

Crus conseillés :

Vins rouges de la région d'Alose-Corton.
Vins blancs légers et secs comme les vins nature de Champagne.

Pourquoi ?

a) Les vins de Bourgogne, d'une part sont riches en éléments minéraux dont manque très souvent le sujet âgé ;

b) d'autre part, les vins blancs, riches en soufre, apportent à l'homme vieillissant qui souffre de carence de ce métalloïde, un adjuvant indispensable à son métabolisme, permettant ainsi de rétablir et de maintenir une certaine souplesse des tissus.

Doses :

Un à deux verres à Bordeaux au cours des repas, en alternant un jour la prise de vin rouge et un jour, la prise de vin blanc.

— Y —

YEUX (Maladies des)

Il peut paraître curieux que le vin puisse, d'une manière ou d'une autre, exercer une influence quelconque sur l'appareil oculaire et pourtant, certains auteurs recommandent un usage raisonnable de cette boisson chez les sujets asthéniques et fatigués et qui, de ce fait, ne peuvent faire de longs efforts d'accommodation.

Crus conseillés :

Vins rouges légers de Bordeaux ou de Bourgogne.

Pourquoi ?

A cause de leur teneur en potassium qui agit sur le tonus musculaire en favorisant la tonicité et la contractibilité des muscles oculaires.

Doses :

Deux verres à Bordeaux ou à Bourgogne au cours des principaux repas.

TROISIEME PARTIE

LEXIQUE MEDICAL DES CRUS

« Quelle vie est-ce donc que celle de l'homme qui se retranche de vin. »

(L'Ecclésiaste, XXXI, 33.)

LES INDICATIONS VINEUSES

VINS	INDICATIONS
ALSACE	Ballonnements Flatulence abdominale Hypertension artérielle
ANJOU	Appétit (Manque d') : Anjou rosé Biliaire (insuffisance) : Anjou blanc Constipation : Anjou blanc Cystite : Anjou blanc demi-sec Dyspepsies : Anjou blanc
BORDEAUX	Allergies (Tendance aux) : Médoc Anémie : Côtes de Graves Angines : Médoc Angoisse (Névrose d') : Médoc rouge

Appétit (Manque d') : Médoc - Côtes de Graves
Bronches (Affection des) : Médoc
Coli-bacillose : Médoc
Décalcification : Saint-Emilion
Dépression nerveuse : Médoc
Diabète : Médoc rouge
Diarrhées : Médoc
Entérites : Médoc
Fatigue : Saint-Emilion
Hémorragies : Saint-Emilion
Hyperchlorydrie : Sauternes Barsac
Ménopause : Saint-Emilion
Osteoporose : Médoc
Purpura : Saint-Emilion
Rachitisme : Entre-Deux-Mers - Médoc
Salmonelloses : Médoc
Tuberculose : Médoc
Typhoïde : Médoc
Urticaire (Tendance à l') : Médoc
Yeux (Maladies des) : Médoc

BOURGOGNE

Amaigrissement : Côtes de Beaune
Amaigrissant (Régime) : Côte d'Or
Angines : Beaujolais

	Bronchites : Beaujolais Cardiaque (Insuffisance) : Côtes de Beaune - Côtes des Nuits Déminéralisation : Gevrey-Chambertin - Clos Vougeot Diarrhées : Beaujolais jeune Fatigue : Côtes de Beaune Hémorragies : Côtes de Beaune Hypotension : Côtes de Beaune Vieillesse : vins de la région d'Alose-Corton
CHAMPAGNE	Aérophagie Colibacillose Coronarite Estomac (Descente d') Estomac (Paresse d') Fièvres Hémorragies (Tendance aux) Infarctus (Tendance à l') Phosphaturies Rhumatisme chronique Tuberculose Vieillesse
COTES DU RHONE	Déminéralisation : Châteauneuf-du-Pape Grippe
LOIRE (Val de)	Artério-sclérose : Muscadet Cholestérol : Muscadet

	Décalcification : Saumurois Dyspepsies : Vouvray Urates (Excès d') : Saumurois Gros Plant.
PROVENCE	Artério-sclérose : Vins rosés Goutte Obésité
SANCERROIS (Vins du)	Calculs bilaires Calculs urinaires Goutte Hypertension artérielle
SUD-OUEST (Vins du)	Appétit (Manque d') : Vins doux naturels du Roussillon Colites : Vins de Gaillac Convalescence : Vins du Roussillon Décalcification : Vins du Roussillon Hypotension : Banyuls Neurasthénie : Blanquette de Limoux

INDEX THERAPEUTIQUE

TABLE DES MATIERES

TABLE DE CONVERSION

	SYSTEME ANGLO-SAXON	SYSTEME METRIQUE
Système avoirdupois	1 once	28 grammes
	1¼ onces	35 grammes
	1½ onces	42,5 grammes
	1¾ onces	50 grammes
	3½ onces	100 grammes
	4¼ onces	125 grammes
	7 onces	200 grammes
	9 onces	250 grammes
	10 onces	300 grammes
	18 onces	500 grammes (1 livre) mét.
Liquides	1 cuillerée à thé	60 gouttes
	1 cuillerée à dessert	2 cuillerées à thé
	1 cuillerée à soupe	2 cuillerées à dessert
	1 tasse	16 cuillerées à soupe
	1 cuillerée à thé	½ centilitre
	2 cuillerées à thé (⅓ d'once)	1 centilitre
	1 cuillerée à soupe	1½ centilitre
	3 cuillerées à soupe et une cuillerée à thé	½ décilitre
	6 cuillerées à soupe et 2 cuillerées à thé	1 décilitre
	13 cuillerées à soupe et 1 cuillerée à thé	2 décilitres
	15 cuillerées à soupe ou 1 tasse	2¼ décilitres
	1 demiard	2½ décilitres (¼ de litre)
	20 cuillerées à soupe	3 décilitres
	26 cuillerées à soupe	4 décilitres
	30 cuillerées à soupe ou 2 tasses	4½ décilitres
	1 demiard	¼ de litre
	1 chopine	½ litre
	4½ tasses ou 1 pinte et 3½ onces	1 litre
	1 pinte ou 40 onces	1⅛ litre

Achevé d'imprimer sur les presses de
L'IMPRIMERIE ELECTRA *
pour
LES EDITIONS DE L'HOMME LTÉE

* Division du groupe Sogides Ltée

Ouvrages parus chez les Éditeurs du groupe Sogides

Ouvrages parus aux ÉDITIONS DE L'HOMME

ART CULINAIRE

Art d'apprêter les restes (L'), S. Lapointe, **4.00**
Art de vivre en bonne santé (L'), Dr W. Leblond, **3.00**
Boîte à lunch (La), L. Lagacé, **4.00**
101 omelettes, M. Claude, **3.00**
Cocktails de Jacques Normand (Les), J. Normand, **3.00**
Congélation (La), S. Lapointe, **4.00**
Conserves (Les), Soeur Berthe, **4.00**
Cuisine chinoise (La), L. Gervais, **4.00**
Cuisine de maman Lapointe (La), S. Lapointe, **3.00**
Cuisine de Pol Martin (La), Pol Martin, **4.00**
Cuisine des 4 saisons (La), Mme Hélène Durand-LaRoche, **4.00**
Cuisine en plein air, H. Doucet, **3.00**
Cuisine française pour Canadiens, R. Montigny, **4.00**
Cuisine italienne (La), Di Tomasso, **3.00**
Diététique dans la vie quotidienne, L. Lagacé, **4.00**
En cuisinant de 5 à 6, J. Huot, **3.00**
Fondues et flambées, S. Lapointe, **4.00**
Fruits (Les), J. Goode, **5.00**
Grande Cuisine au Pernod (La), S. Lapointe, **3.00**
Hors-d'oeuvre, salades et buffets froids, L. Dubois, **3.00**
Légumes (Les), J. Goode, **6.00**
Madame reçoit, H.D. LaRoche, **4.00**
Mangez bien et rajeunissez, R. Barbeau, **3.00**
Poissons et fruits de mer, Soeur Berthe, **4.00**
Recettes à la bière des grandes cuisines Molson, M.L. Beaulieu, **4.00**
Recettes au "blender", J. Huot, **4.00**
Recettes de gibier, S. Lapointe, **4.00**
Recettes de Juliette (Les), J. Huot, **4.00**
Recettes de maman Lapointe, S. Lapointe, **3.00**
Régimes pour maigrir, M.J. Beaudoin, **4.00**
Tous les secrets de l'alimentation, M.J. Beaudoin, **2.50**
Vin (Le), P. Petel, **3.00**
Vins, cocktails et spiritueux, G. Cloutier, **3.00**
Vos vedettes et leurs recettes, G. Dufour et G. Poirier, **3.00**
Y'a du soleil dans votre assiette, Georget-Berval-Gignac, **3.00**

DOCUMENTS, BIOGRAPHIE

Architecture traditionnelle au Québec (L'), Y. Laframboise, **10.00**
Art traditionnelle au Québec (L'), Lessard et Marquis, **10.00**
Acadiens (Les), E. Leblanc, **2.00**
Bien-pensants (Les), P. Berton, **2.50**
Bolduc (La), R. Benoît, **1.50**
Bourassa-Québec, R. Bourassa, **1.00**
Camillien Houde, H. Larocque, **1.00**
Canadiens et nous (Les), J. de Roussan, **1.00**
Ce combat qui n'en finit plus, A. Stanké,-J.L. Morgan, **3.00**
Charlebois, qui es-tu?, B. L'Herbier, **3.00**

Des hommes qui bâtissent le Québec, collaboration, **3.00**

Deux innocents en Chine rouge, P.E. Trudeau, J. Hébert, **2.00**

Drapeau canadien (Le), L.A. Biron, **1.00**

Drogues, J. Durocher, **3.00**

Egalité ou indépendance, D. Johnson, **2.00**

Epaves du Saint-Laurent (Les), J. Lafrance, **3.00**

Ermite (L'), L. Rampa, **4.00**

Exxoneration, R. Rohmer, **7.00**

Fabuleux Onassis (Le), C. Cafarakis, **4.00**

Félix Leclerc, J.P. Sylvain, **2.50**

Fête au village, P. Legendre, **2.00**

France des Canadiens (La), R. Hollier, **1.50**

Francois Mauriac, F. Seguin, **1.00**

Greffes du coeur (Les), collaboration, **2.00**

Han Suyin, F. Seguin, **1.00**

Hippies (Les), Time-coll., **3.00**

Imprévisible M. Houde (L'), C. Renaud, **2.00**

Insolences du Frère Untel, F. Untel, **2.00**

J'aime encore mieux le jus de betteraves, A. Stanké, **2.50**

Jean Rostand, F. Seguin, **1.00**

Juliette Béliveau, D. Martineau, **3.00**

Lamia, P.T. de Vosjoli, **5.00**

Louis Aragon, F. Seguin, **1.00**

Magadan, M. Solomon, **6.00**

Maison traditionnelle au Québec (La), M. Lessard, G. Vilandré, **10.00**

Maîtresse (La), James et Kedgley, **4.00**

Mammifères de mon pays, Duchesnay-Dumais, **3.00**

Masques et visages du spiritualisme contemporain, J. Evola, **5.00**

Michel Simon, F. Seguin, **1.00**

Michèle Richard raconte Michèle Richard, M. Richard, **2.50**

Mozart, raconté en 50 chefs-d'oeuvre, P. Roussel, **5.00**

Nationalisation de l'électricité (La), P. Sauriol, **1.00**

Napoléon vu par Guillemin, H. Guillemin, **2.50**

Objets familiers de nos ancêtres, L. Vermette, N. Genêt, L. Décarie-Audet, **6.00**

On veut savoir, (4 t.), L. Trépanier, **1.00 ch.**

Option Québec, R. Lévesque, **2.00**

Pour entretenir la flamme, L. Rampa, **4.00**

Pour une radio civilisée, G. Proulx, **2.00**

Prague, l'été des tanks, collaboration, **3.00**

Premiers sur la lune, Armstrong-Aldrin-Collins, **6.00**

Prisonniers à l'Oflag 79, P. Vallée, **1.00**

Prostitution à Montréal (La), T. Limoges, **1.50**

Provencher, le dernier des coureurs des bois, P. Provencher, **6.00**

Québec 1800, W.H. Bartlett, **15.00**

Rage des goof-balls (La), A. Stanké, M.J. Beaudoin, **1.00**

Rescapée de l'enfer nazi, R. Charrier, **1.50**

Révolte contre le monde moderne, J. Evola, **6.00**

Riopelle, G. Robert, **3.50**

Struma (Le), M. Solomon, **7.00**

Terrorisme québécois (Le), Dr G. Morf, **3.00**

Ti-blanc, mouton noir, R. Laplante, **2.00**

Treizième chandelle (La), L. Rampa, **4.00**

Trois vies de Pearson (Les), Poliquin-Beal, **3.00**

Trudeau, le paradoxe, A. Westell, **5.00**

Ultimatum, R. Rohmer, **6.00**

Un peuple oui, une peuplade jamais! J. Lévesque, **3.00**

Un Yankee au Canada, A. Thério, **1.00**

Une culture appelée québécoise, G. Turi, **2.00**

Vizzini, S. Vizzini, **5.00**

Vrai visage de Duplessis (Le), P. Laporte, **2.00**

ENCYCLOPEDIES

Encyclopédie de la maison québécoise, Lessard et Marquis, **8.00**

Encyclopédie des antiquités du Québec, Lessard et Marquis, **7.00**

Encyclopédie des oiseaux du Québec, W. Earl Godfrey, **8.00**

Encyclopédie du jardinier horticulteur, W.H. Perron, **8.00**

Encyclopédie du Québec, Vol. I et Vol. II, L. Landry, **6.00 ch.**

ESTHETIQUE ET VIE MODERNE

Cellulite (La), Dr G.J. Léonard, **4.00**
Chirurgie plastique et esthétique (La), Dr A. Genest, **2.00**
Embellissez votre corps, J. Ghedin, **2.00**
Embellissez votre visage, J. Ghedin, **1.50**
Etiquette du mariage, Fortin-Jacques, Farley, **4.00**
Exercices pour rester jeune, T. Sekely, **3.00**
Exercices pour toi et moi, J. Dussault-Corbeil, **5.00**
Face-lifting par l'exercice (Le), S.M. Rungé, **4.00**
Femme après 30 ans, N. Germain, **3.00**
Femme émancipée (La), N. Germain et L. Desjardins, **2.00**
Leçons de beauté, E. Serei, **2.50**
Médecine esthétique (La), Dr G. Lanctôt, **5.00**
Savoir se maquiller, J. Ghedin, **1.50**
Savoir-vivre, N. Germain, **2.50**
Savoir-vivre d'aujourd'hui (Le), M.F. Jacques, **3.00**
Sein (Le), collaboration, **2.50**
Soignez votre personnalité, messieurs, E. Serei, **2.00**
Vos cheveux, J. Ghedin, **2.50**
Vos dents, Archambault-Déom, **2.00**

LINGUISTIQUE

Améliorez votre français, J. Laurin, **4.00**
Anglais par la méthode choc (L'), J.L. Morgan, **3.00**
Dictionnaire en 5 langues, L. Stanké, **2.00**
Petit dictionnaire du joual au français, A. Turenne, **3.00**
Savoir parler, R.S. Catta, **2.00**
Verbes (Les), J. Laurin, **4.00**

LITTERATURE

Amour, police et morgue, J.M. Laporte, **1.00**
Bigaouette, R. Lévesque, **2.00**
Bousille et les justes, G. Gélinas, **3.00**
Candy, Southern & Hoffenberg, **3.00**
Cent pas dans ma tête (Les), P. Dudan, **2.50**
Commettants de Caridad (Les), Y. Thériault, **2.00**
Des bois, des champs, des bêtes, J.C. Harvey, **2.00**
Ecrits de la Taverne Royal, collaboration, **1.00**
Hamlet, Prince du Québec, R. Gurik, **1.50**
Homme qui va (L'), J.C. Harvey, **2.00**
J'parle tout seul quand j'en narrache, E. Coderre, **3.00**
Malheur a pas des bons yeux (Le), R. Lévesque, **2.00**
Marche ou crève Carignan, R. Hollier, **2.00**
Mauvais bergers (Les), A.E. Caron, **1.00**
Mes anges sont des diables, J. de Roussan, **1.00**
Mon 29e meurtre, Joey, **8.00**
Montréalités, A. Stanké, **1.50**
Mort attendra (La), A. Malavoy, **1.00**
Mort d'eau (La), Y. Thériault, **2.00**
Ni queue, ni tête, M.C. Brault, **1.00**
Pays voilés, existences, M.C. Blais, **1.50**
Pomme de pin, L.P. Dlamini, **2.00**
Printemps qui pleure (Le), A. Thério, **1.00**
Propos du timide (Les), A. Brie, **1.00**
Séjour à Moscou, Y. Thériault, **2.00**
Tit-Coq, G. Gélinas, **4.00**
Toges, bistouris, matraques et soutanes, collaboration, **1.00**
Un simple soldat, M. Dubé, **4.00**
Valérie, Y. Thériault, **2.00**
Vertige du dégoût (Le), E.P. Morin, **1.00**

LIVRES PRATIQUES – LOISIRS

Aérobix, Dr P. Gravel, **3.00**
Alimentation pour futures mamans, T. Sekely et R. Gougeon, **3.00**
Apprenez la photographie avec Antoine Desilets, A. Desilets, **5.00**
Armes de chasse (Les), Y. Jarrettie, **3.00**
Bougies (Les), W. Schutz, **4.00**
Bricolage (Le), J.M. Doré, **4.00**
Bricolage au féminin (Le), J.-M. Doré, **3.00**
Bridge (Le), V. Beaulieu, **4.00**
Camping et caravaning, J. Vic et R. Savoie, **2.50**
Caractères par l'interprétation des visages, (Les), L. Stanké, **4.00**
Ciné-guide, A. Lafrance, **3.95**
Chaînes stéréophoniques (Les), G. Poirier, **6.00**
Cinquante et une chansons à répondre, P. Daigneault, **3.00**
Comment prévoir le temps, E. Neal, **1.00**
Comment tirer le maximum d'une mini-calculatrice, H. Mullish, **4.00**
Conseils à ceux qui veulent bâtir, A. Pouiin, **2.00**
Conseils aux inventeurs, R.A. Robic, **3.00**
Couture et tricot, M.H. Berthouin, **2.00**
Dictionnaire des mots croisés, noms propres, collaboration, **6.00**
Dictionnaire des mots croisés, noms communs, P. Lasnier, **5.00**
Fins de partie aux dames, H. Tranquille, G. Lefebvre, **4.00**
Fléché (Le), L. Lavigne et F. Bourret, **4.00**
Fourrure (La), C. Labelle, **4.00**
Guide complet de la couture (Le), L. Chartier, **4.00**
Guide de l'astrologie (Le), J. Manolesco, **3.00**
Hatha-yoga pour tous, S. Piuze, **4.00**
8/Super 8/16, A. Lafrance, **5.00**
Hypnotisme (L'), J. Manolesco, **3.00**
Informations touristiques, la France, Deroche et Morgan, **2.50**
Informations touristiques, le Monde, Deroche, Colombani, Savoie, **2.50**
Interprétez vos rêves, L. Stanké, **4.00**
J'installe mon équipement stéréo, T. I et II, J.M. Doré, **3.00 ch.**
Jardinage (Le), P. Pouliot, **4.00**
Je décore avec des fleurs, M. Bassili, **4.00**
Je développe mes photos, A. Desilets, **6.00**
Je prends des photos, A. Desilets, **6.00**
Jeux de société, L. Stanké, **3.00**
Lignes de la main (Les), L. Stanké, **4.00**
Massage (Le), B. Scott, **4.00**
Météo (La), A. Ouellet, **3.00**
Nature et l'artisanat (La), P. Roy, **4.00**
Noeuds (Les), G.R. Shaw, **4.00**
Origami I, R. Harbin, **3.00**
Origami II, R. Harbin, **3.00**
Ouverture aux échecs (L'), C. Coudari, **4.00**
Photo-guide, A. Desilets, **3.95**
Plantes d'intérieur (Les), P. Pouliot, **6.00**
Poids et mesures, calcul rapide, L. Stanké, **3.00**
Poissons du Québec, Juchereau-Duchesnay, **2.00**
Pourquoi et comment cesser de fumer, A. Stanké, **1.00**
La retraite, D. Simard, **2.00**
Tapisserie (La), T.-M. Perrier, N.-B. Langlois, **5.00**
Taxidermie (La), J. Labrie, **4.00**
Technique de la photo, A. Desilets, **6.00**
Techniques du iardinage (Les), P. Pouliot, **6.00**
Tenir maison, F.G. Smet, **2.00**
Tricot (Le), F. Vandelac, **3.00**
Trucs de rangement no 1, J.M. Doré, **3.00**
Trucs de rangement no 2, J.M. Doré, **4.00**
Vive la compagnie, P. Daigneault, **3.00**
Vivre, c'est vendre, J.M. Chaput, **4.00**
Voir clair aux dames, H. Tranquille, **3.00**
Voir clair aux échecs, H. Tranquille, **4.00**
Votre avenir par les cartes, L. Stanké, **4.00**
Votre discothèque, P. Roussel, **4.00**
Votre pelouse, P. Pouliot, **5.00**

LE MONDE DES AFFAIRES ET LA LOI

ABC du marketing (L'), A. Dahamni, **3.00**
Bourse (La), A. Lambert, **3.00**
Budget (Le), collaboration, **4.00**
Ce qu'en pense le notaire, Me A. Senay, **2.00**
Connaissez-vous la loi? R. Millet, **3.00**
Dactylographie (La), W. Lebel, **2.00**
Dictionnaire de la loi (Le), R. Millet, **2.50**
Dictionnaire des affaires (Le), W. Lebel, **3.00**
Dictionnaire économique et financier, E. Lafond, **4.00**
Divorce (Le), M. Champagne et Léger, **3.00**
Guide de la finance (Le), B. Pharand, **2.50**
Loi et vos droits (La), Me P.A. Marchand, **5.00**
Secrétaire (Le/La) bilingue, W. Lebel, **2.50**

PATOF

Cuisinons avec Patof, J. Desrosiers, **1.29**
Patof raconte, J. Desrosiers, **0.89**
Patofun, J. Desrosiers, **0.89**

SANTE, PSYCHOLOGIE, EDUCATION

Activité émotionnelle (L'), P. Fletcher, **3.00**
Apprenez à connaître vos médicaments, R. Poitevin, **3.00**
Caractères et tempéraments, C.-G. Sarrazin, **3.00**
Comment nourrir son enfant, L. Lambert-Lagacé, **4.00**
Comment vaincre la gêne et la timidité, R.S. Catta, **3.00**
Communication et épanouissement personnel, L. Auger, **4.00**
Complexes et psychanalyse, P. Valinieff, **4.00**
Contraception (La), Dr L. Gendron, **3.00**
Cours de psychologie populaire, F. Cantin, **4.00**
Dépression nerveuse (La), collaboration, **3.00**
Développez votre personnalité, vous réussirez, S. Brind'Amour, **3.00**
Douze premiers mois de mon enfant (Les), F. Caplan, **10.00**
Dynamique des groupes, Aubry-Saint-Arnaud, **3.00**
En attendant mon enfant, Y.P. Marchessault, **4.00**
Femme enceinte (La), Dr R. Bradley, **4.00**
Guérir sans risques, Dr E. Plisnier, **3.00**
Guide des premiers soins, Dr J. Hartley, **4.00**
Guide médical de mon médecin de famille, Dr M. Lauzon, **3.00**
Langage de votre enfant (Le), C. Langevin, **3.00**
Maladies psychosomatiques (Les), Dr R. Foisy, **3.00**
Maman et son nouveau-né (La), T. Sekely, **3.00**
Parents face à l'année scolaire (Les), collaboration, **2.00**
Personne humaine (La), Y. Saint-Arnaud, **4.00**
Pour vous future maman, T. Sekely, **3.00**
15/20 ans, F. Tournier et P. Vincent, **4.00**
Relaxation sensorielle (La), Dr P. Gravel, **3.00**
S'aider soi-même, L. Auger, **4.00**
Volonté (La), l'attention, la mémoire, R. Tocquet, **4.00**
Vos mains, miroir de la personnalité, P. Maby, **3.00**
Votre écriture, la mienne et celle des autres, F.X. Boudreault, **2.00**
Votre personnalité, votre caractère, Y. Benoist-Morin, **3.00**
Yoga, corps et pensée, B. Leclerq, **3.00**
Yoga, santé totale pour tous, G. Lescouflar, **3.00**

SEXOLOGIE

Adolescent veut savoir (L'), Dr L. Gendron, **3.00**
Adolescente veut savoir (L'), Dr L. Gendron, **3.00**
Amour après 50 ans (L'), Dr L. Gendron, **3.00**
Couple sensuel (Le), Dr L. Gendron, **3.00**
Déviations sexuelles (Les), Dr Y. Léger, **4.00**
Femme et le sexe (La), Dr L. Gendron, **3.00**
Helga, E. Bender, **6.00**
Homme et l'art érotique (L'), Dr L. Gendron, **3.00**
Madame est servie, Dr L. Gendron, **2.00**
Maladies transmises par relations sexuelles, Dr L. Gendron, **2.00**
Mariée veut savoir (La), Dr L. Gendron, **3.00**
Ménopause (La), Dr L. Gendron, **3.00**
Merveilleuse histoire de la naissance (La), Dr L. Gendron, **4.50**
Qu'est-ce qu'un homme, Dr L. Gendron, **3.00**
Qu'est-ce qu'une femme, Dr L. Gendron, **4.00**
Quel est votre quotient psycho-sexuel? Dr L. Gendron, **3.00**
Sexualité (La), Dr L. Gendron, **3.00**
Teach-in sur la sexualité, Université de Montréal, **2.50**
Yoga sexe, Dr L. Gendron et S. Piuze, **4.00**

SPORTS (collection dirigée par Louis Arpin)

ABC du hockey (L'), H. Meeker, **3.00**
Aïkido, au-delà de l'agressivité, M. Di Villadorata, **4.00**
Baseball (Le), collaboration, **2.50**
Bicyclette (La), J. Blish, **4.00**
Comment se sortir du trou au golf, Brien et Barrette, **4.00**
Course-Auto 70, J. Duval, **3.00**
Courses de chevaux (Les), Y. Leclerc, **3.00**
Devant le filet, J. Plante, **3.00**
Entraînement par les poids et haltères, F. Ryan, **3.00**
Expos, cinq ans après, D. Brodeur, J.-P. Sarrault, **3.00**
Football (Le), collaboration, **2.50**
Football professionnel, J. Séguin, **3.00**
Guide de l'auto (Le) (1967), J. Duval, **2.00** **(1968-69-70-71), 3.00 chacun**

Guide du judo, au sol (Le), L. Arpin, **4.00**
Guide du judo, debout (Le), L. Arpin, **4.00**
Guide du self-defense (Le), L. Arpin, **4.00**
Guide du trappeur, P. Provencher, **4.00**
Initiation à la plongée sous-marine, R. Goblot, **5.00**
J'apprends à nager, R. Lacoursière, **4.00**
Jocelyne Bourassa, J. Barrette et D. Brodeur, **3.00**
Karaté (Le), Y. Nanbu, **4.00**
Livre des règlements, LNH, **1.50**
Lutte olympique (La), M. Sauvé, **4.00**
Match du siècle: Canada-URSS, D. Brodeur, G. Terroux, **3.00**
Mon coup de patin, le secret du hockey, J. Wild, **3.00**
Moto (La), Duhamel et Balsam, **4.00**
Natation (La), M. Mann, **2.50**
Natation de compétition (La), R. Lacoursière, **3.00**
Parachutisme (Le), C. Bédard, **4.00**
Pêche au Québec (La), M. Chamberland, **5.00**
Petit guide des Jeux olympiques, J. About, M. Duplat, **2.00**
Puissance au centre, Jean Béliveau, H. Hood, **3.00**
Raquette (La), Osgood et Hurley, **4.00**
Ski (Le), W. Schaffler-E. Bowen, **3.00**
Ski de fond (Le), J. Caldwell, **4.00**
Soccer, G. Schwartz, **3.50**
Stratégie au hockey (La), J.W. Meagher, **3.00**
Surhommes du sport, M. Desjardins, **3.00**
Techniques du golf, L. Brien et J. Barrette, **4.00**
Techniques du tennis, Ellwanger, **4.00**
Tennis (Le), W.F. Talbert, **3.00**
Tous les secrets de la chasse, M. Chamberland, **3.00**
Tous les secrets de la pêche, M. Chamberland, **3.00**
36-24-36, A. Coutu, **3.00**
Troisième retrait (Le), C. Raymond, M. Gaudette, **3.00**
Vivre en forêt, P. Provencher, **4.00**
Vivre en plein air, P. Gingras, **4.00**
Voie du guerrier (La), M. di Villadorata, **4.00**
Voile (La), Nik Kebedgy, **5.00**

Ouvrages parus à L'ACTUELLE JEUNESSE

Echec au réseau meurtrier, R. White, **1.00**
Engrenage (L'), C. Numainville, **1.00**
Feuilles de thym et fleurs d'amour, M. Jacob, **1.00**
Lady Sylvana, L. Morin, **1.00**
Moi ou la planète, C. Montpetit, **1.00**
Porte sur l'enfer, M. Vézina, **1.00**
Silences de la croix du Sud (Les), D. Pilon, **1.00**
Terreur bleue (La), L. Gingras, **1.00**
Trou (Le), S. Chapdelaine, **1.00**
Une chance sur trois, S. Beauchamp, **1.00**
22,222 milles à l'heure, G. Gagnon, **1.00**

Ouvrages parus à L'ACTUELLE

Aaron, Y. Thériault, **3.00**
Agaguk, Y. Thériault, **4.00**
Allocutaire (L'), G. Langlois, **2.50**
Bois pourri (Le), A. Maillet, **2.50**
Carnivores (Les), F. Moreau, **2.50**
Carré Saint-Louis, J.J. Richard, **3.00**
Centre-ville, J.-J. Richard, **3.00**
Chez les termites, M. Ouellette-Michalska, **3.00**
Cul-de-sac, Y. Thériault, **3.00**
D'un mur à l'autre, P.A. Bibeau, **2.50**
Danka, M. Godin, **3.00**
Débarque (La), R. Plante, **3.00**

Demi-civilisés (Les), J.C. Harvey, **3.00**
Dernier havre (Le), Y. Thériault, **2.50**
Domaine de Cassaubon (Le), G. Langlois, **3.00**
Dompteur d'ours (Le), Y. Thériault, **3.00**
Doux Mal (Le), A. Maillet, **3.00**
En hommage aux araignées, E. Rochon, **3.00**
Et puis tout est silence, C. Jasmin, **3.00**
Faites de beaux rêves, J. Poulin, **3.00**
Fille laide (La), Y. Thériault, **4.00**
Fréquences interdites, P.-A. Bibeau, **3.00**
Fuite immobile (La), G. Archambault, **3.00**
Jeu des saisons (Le), M. Ouellette-Michalska, **2.50**
Marche des grands cocus (La), R. Fournier, **3.00**
Monsieur Isaac, N. de Bellefeuille et G. Racette, **3.00**
Mourir en automne, C. de Cotret, **2.50**
N'Tsuk, Y. Thériault **3.00**
Neuf jours de haine, J.J. Richard, **3.00**
New Medea, M. Bosco, **3.00**
Ossature (L'), R. Morency, **3.00**
Outaragasipi (L'), C. Jasmin, **3.00**
Petite fleur du Vietnam (La), C. Gaumont, **3.00**
Pièges, J.J. Richard, **3.00**
Porte Silence, P.A. Bibeau, **2.50**
Requiem pour un père, F. Moreau, **2.50**
Scouine (La), A. Laberge, **3.00**
Tayaout, fils d'Agaguk, Y. Thériault, **3.00**
Tours de Babylone (Les), M. Gagnon, **3.00**
Vendeurs du Temple (Les), Y. Thériault, **3.00**
Visages de l'enfance (Les), D. Blondeau, **3.00**
Vogue (La), P. Jeancard, **3.00**

Ouvrages parus aux PRESSES LIBRES

Amour (L'), collaboration **7.00**
Amour humain (L'), R. Fournier, **2.00**
Anik, Gilan, **3.00**
Ariâme . . .Plage nue, P. Dudan, **3.00**
Assimilation pourquoi pas? (L'), L. Landry, **2.00**
Aventures sans retour, C.J. Gauvin, **3.00**
Bateau ivre (Le), M. Metthé, **2.50**
Cent Positions de l'amour (Les), H. Benson, **4.00**
Comment devenir vedette, J. Beaulne, **3.00**
Couple sensuel (Le), Dr L. Gendron, **3.00**
Des Zéroquois aux Québécois, C. Falardeau, **2.00**
Emmanuelle à Rome, 5.00
Exploits du Colonel Pipe (Les), R. Pradel, **3.00**
Femme au Québec (La), M. Barthe et M. Dolment, **3.00**
Franco-Fun Kébecwa, F. Letendre, **2.50**
Guide des caresses, P. Valinieff, **4.00**
Incommunicants (Les), L. Leblanc, **2.50**
Initiation à Menke Katz, A. Amprimoz, **1.50**
Joyeux Troubadours (Les), A. Rufiange, **2.00**
Ma cage de verre, M. Metthé, **2.50**
Maria de l'hospice, M. Grandbois, **2.00**
Menues, dodues, Gilan, **3.00**
Mes expériences autour du monde, R. Boisclair, **3.00**
Mine de rien, G. Lefebvre, **3.00**
Monde agricole (Le), J.C. Magnan, **3.50**
Négresse blonde aux yeux bridés (La), C. Falardeau, **2.00**
Niska, G. Mirabelle, **12.00**
Paradis sexuel des aphrodisiaques (Le), M. Rouet, **4.00**
Plaidoyer pour la grève et la contestation, A. Beaudet, **2.00**
Positions +, J. Ray, **4.00**
Pour une éducation de qualité au Québec, C.H. Rondeau, **2.00**
Québec français ou Québec québécois, L. Landry, **3.00**
Rêve séparatiste (Le), L. Rochette, **2.00**
Séparatiste, non, 100 fois non! Comité Canada, **2.00**
Terre a une taille de guêpe (La), P. Dudan, **3.00**
Tocap, P. de Chevigny, **2.00**
Virilité et puissance sexuelle, M. Rouet, **3.00**
Voix de mes pensées (La), E. Limet, **2.50**